梅本堯夫・大山 正 監修 **10** コンパクト新心理学ライブラリ

青年の心理
ゆれ動く時代を生きる

遠藤由美 著

サイエンス社

監修のことば

　心理学をこれから学ぼうという人の中には，おうおうにして先入観をもっている人が多い。それは，たいていマスコミで取り上げられることの多いカウンセリングや深層心理の問題である。心理学といえば，それだけを扱うものであるという誤解が生まれやすいのは，それらの内容が青年期の悩みに，すぐに答えてくれるように思われるからであろう。それらの臨床心理の問題も，もちろん，心理学の中で重要な問題領域であるが，心を研究する科学としての心理学が扱う問題は，もちろんそれだけではない。

　人間は環境の中で生きていくために，環境の事物をよく見たり，聞いたりしなければならないし，欲望を満足させるために行動しなければならないし，行動して得た貴重な経験は生かされなければならない。心は，考えたり，喜んだり，泣いたり，喧嘩したり，恋愛をしたりという，人間のあらゆる活動で働いている。大人の心だけではなく，子どもの心も知らなければならない。人はそれぞれ違った性格をもっているし，社会の中で生きていくためには人間関係がどのようになっているかも知らなければならない。

　心理学は実に豊富な内容をもっていて，簡単にこれだけが心理学であるというわけにはいかない。『吾輩は猫である』という作品一つで，夏目漱石とは，こういう作家であるといえないようなものである。夏目漱石を知ろうと思えば，漱石全集を読む必要がある。

　それと同じように心理学とはなにかということを理解するためには，知覚心理学も発達心理学も性格心理学も社会心理学も臨床心理学も，およそのところを把握する必要がある。

　われわれがさきに監修した「新心理学ライブラリ」は，さいわい世間で好意的に受け入れられ，多くの大学で教科書として採用していただいた。しかし近年，ますます大学で学ばなければならない科目は増加しており，心理学のみにあまり長い時間をかける余裕はなくなってきた。そこで，今回刊行する，心理学の各領域のエッセンスをコンパクトにまとめた「コンパクト新心理学ライブラリ」は現代の多忙な大学生にとって最適のシリーズであると信じる。

　　　　　　　　　　　　　　　　　　監修者　梅本堯夫
　　　　　　　　　　　　　　　　　　　　　　大山　正

はしがき

　本書は,「コンパクト新心理学ライブラリ」の中の1巻として企画・編集された青年心理学のテキストである。青年心理学におけるもっとも基本的でかつ重要な問は,「青年は何ゆえに青年であるか」というものであろう。これまでの長い青年心理学研究の積み重ねの中で,その問に対して,青年期の特徴というものがいくつか明らかにされてきた。「疾風怒濤」「アイデンティティ形成」などは,その代表的なものである。

　だが,今日,青年期がかつてほどすっきりと明瞭な輪郭をもったものとして,つまり特有の特徴を強く示す時期として立ち現れてこなくなったという現状がある。ある角度からみると,いわゆる子ども期と青年期がかなり重なっているようであり,また別の角度からは青年期と大人期とがあまり違わないものののように映る。これに対して,「青年が『青年らしさ』を失った」と評するのは当たらない。そこでいう「青年らしさ」はある時代の社会のあり方の中で作り出されたものであり,たとえば,今日,大卒の約40％が正規の就職をせず,職業生活をとおした自己実現を目指していないようだとしても,「青年らしさ」を失ったことにはならない。それが,今の時代の青年の特徴（＝「青年らしさ」）なのである。

　時代のあり方が変わることによって,そこに生きる人々すべての人の生き方,あり方が変わり,幾重もの複層的な相互の影響の及ぼし合いによってさらに変化が引き起こされる。そもそも,昔からいわゆる「青年」がいたわけではけっしてない。人々が社会

生活を営み，文明や文化を作り出し，その中からある時代に「青年期」が誕生し，やがて今の青年の有りようも作り出されてきたのである。

　本書は，社会・歴史的視点から青年期にアプローチし，青年期というある年齢幅にいる人たちが示す心身のさまざまな特徴を記述し説明するだけでなく，それらが社会とそこに生きる人々とのダイナミックな相互作用の中から生まれてきたものであることを理解していただけるようにという願いの下に執筆された。この試みがどれほど実現できたかはわからない。しかし，人と社会との相互作用の不思議さ，面白さをくみ取り，青年期に対する相対化した理解を深めるきっかけとしていただければ幸甚である。

　なお，本書は，「コンパクト新心理学ライブラリ」のコンセプトを踏まえ，いくつかの工夫が凝らされている。

　(1) 本書では，青年心理学の基礎的事項を踏まえる一方，「引き込もり」など最近注目され始めた新しい現象や進化心理学などの最先端の理論も積極的に取り上げた。そして，それらを羅列的に紹介するのではなく，有機的な理解が可能となるよう各章を構成し配置した。

　(2) 本書では図表を多用し，内容の視覚的理解の促進をはかった。見開き2ページの左側には理論と知見を文章で簡潔に解説し，右側に対応する図表を配置した。なお，統計数値などは可能な限り最新のものを採用するように努め，また何枚かの非常に貴重な写真も収録できた。講義資料としてご活用いただければ幸甚である。

　(3) 各章にトピックを設け，本文では取り上げられなかった用語の解説や興味深い資料などに加えて，歴史学や人類学など心理

学以外の領域からの知見も紹介した。これによって，今日の私たちの時代の青年というものを多角的複層的に理解できるようにしたつもりである。中には，心理学のテキストにはめったに登場しないような事項もあり，読み物としてぜひご一読いただきたい。

　執筆の機会を与えてくださった本ライブラリの監修者，梅本堯夫先生・大山　正先生に心からお礼を申し上げる。とくに梅本先生には，学生時代以来今日に至るまで一貫してあたたかなご鞭撻をいただいた。先生の研究への真摯な姿勢には，今なお学ぶことばかりである。

　最後に，経費節減・効率化が最優先されるこのご時世にあって，手間もコストもかかる数々の写真使用をお認めくださったサイエンス社と，多大な編集の労をおとりいただき，細やかなサポートを洋のかなたにまで送り届けてくださった編集部の清水匡太，小林あかねの両氏に，感謝申し上げる次第である。

　2000年初秋

遠 藤 由 美

目　次

はしがき …………………………………………………………………ⅰ

1章 「青年期」とは　　1

ライフ・サイクルの中の青年期 ……………………………2
青年心理学の登場 ……………………………………………12
◆ 参 考 図 書 ……………………………………………18

2章　移行期としての青年期　　19

移行期としての青年期 ………………………………………20
青年期の拡大 …………………………………………………24
今の時代の青年期 ……………………………………………28
◆ 参 考 図 書 ……………………………………………34

3章　身体：性的存在へ　　35

身体のめざめ …………………………………………………36
身体的発達がもたらす心理的影響 …………………………42
◆ 参 考 図 書 ……………………………………………50

4章　恋愛とセクシャリティ　　51

恋　　愛 ………………………………………………………52
セクシャリティ ………………………………………………56
成人愛着理論 …………………………………………………64
結　　婚 ………………………………………………………66
◆ 参 考 図 書 ……………………………………………68

5章　性と性役割　　69

- 性と性役割（ジェンダー） ……………………………………70
- 性　役　割 ……………………………………………………76
- 性役割と身体 …………………………………………………82
- 性同一性障害 …………………………………………………86
- ◆ 参 考 図 書 …………………………………………………88

6章　自　　己　　89

- 自分を理解する ………………………………………………90
- 自己価値の探求 ………………………………………………92
- アイデンティティ ……………………………………………96
- ◆ 参 考 図 書 ………………………………………………104

7章　将来を考える　　105

- 将来決定の先送り ……………………………………………106
- 職　業　観 ……………………………………………………108
- 女性と職業と結婚と …………………………………………114
- ◆ 参 考 図 書 ………………………………………………122

8章　人 間 関 係　　123

- 家族と青年の関係 ……………………………………………124
- 子どもの成長と親の成長 ……………………………………126
- 家族ライフ・サイクル ………………………………………130
- 青年と仲間関係 ………………………………………………134
- 現代の友人関係 ………………………………………………136
- 仮想現実時代の人間関係 ……………………………………138
- ◆ 参 考 図 書 ………………………………………………140

9章　青年期の病理と反社会的行動　　141

　　拒 食 症 ……………………………………142
　　過 食 症 ……………………………………144
　　対 人 恐 怖 …………………………………146
　　引き込もり …………………………………148
　　自　　殺 ……………………………………152
　　非行・青少年犯罪 …………………………154
　　◆ 参 考 図 書 ………………………………158

引 用 文 献 ………………………………………159
索　　　引 ………………………………………164

「青年期」とは 1

　いつの時代にも，人は所属する社会のあり方とけっして無関係には生きられない。今，「青年期」あるいは「青年」ということばから私たちが思い描くものは，今の時代の若者のあり方である。だが実は，「青年期」という時期が，子どもと大人の間に位置する人生の一つの特殊な段階として成立したのは，人間の長い歴史の中ではそれほど昔のことではない。青年期は，一見，個人の発達と直接無関係と思われる産業革命や中産階級の誕生などによってもたらされた近代化の産物なのである。ここでは，現代の青年期をより深く理解するために，青年期の社会的・歴史的背景を探ってみる。

●**クリスティーナの世界**（アンドリュー・ワイエス）

🌐 ライフ・サイクルの中の青年期

人の一生は,誕生してから死を迎えるまで,乳児期,幼児期,児童期,青年期初期（思春期）,青年期後期,成人期,中年期,老年期というそれぞれの人生段階（ライフ・ステージ）を経ながら,一連の生命活動として展開していくと考えられている。だが他方,人はこれらの段階をゆるやかに連続的に移行していくのではなく,児童期と青年期との間に質的に大きな段差があるという見方もある。この場合,料金表示などにしばしばみられるように,乳児期,幼児期,児童期はいわゆる「子ども」期として,日常的には（大人である）人の部類には含めない。そして,人生は実質的には,人間の形成期を終えた青年期からスタートするという立場をとることになる。青年期は「青春」ということばで表現されることもあるが,まさに人生がそこから開花するように感じる人々の感覚を表している（Topic）。また,逆に,青年と成人の間に区切りを設ける見方も社会の中で用いられている（表1-1）。

しかしながら,青年期は,いつの時代・どの社会にも,子ども期を終えた人に必然的に訪れる一時期というわけではない。青年期は,実は社会的・歴史的な背景のもとに,比較的新しい時代になってから誕生してきたのである。無論,他の動物にも,太古や中世の人間にも,生物学的に（3章参照）若い時期というのはある。しかし,これまでの人間の歴史をひもといてみれば,いわゆる「青年期」は近代化の産物であることがわかる。デービス(1944)は,「青年期とは,身体的発達と社会的発達とのズレがはじめて顕著になる時期である。社会が複雑になるにつれて,このズレは大きくなり,社会的に定義された青年期が生物的大人期にまで入り込んでくる」と述べている。これは,青年期が社会的現

Topic 「青年」「青春」ということば

太陽運行に関する中国古代思想に由来する。青春は，方角としては東を表し，季節では春，1日のうちでは朝を意味する。近年，中年期を「人生の午後」や「思秋期」ということばで表すのも，同様の感覚かもしれない。

```
         黒,北,冬,夜,玄武
      白,西,秋,夕方,白虎  ┌─────┐  青,東,春,朝,青竜
                        │ 玄冬 │
                        │白秋│青春│
                        │ 朱夏 │
                        └─────┘
         朱,南,夏,昼,朱雀
```

表1-1 法律にみる大人と子どもの境目

法　律	年齢区分	内　容
公職選挙法第9条	満20歳	日本国民で年齢満二十年以上の者は，衆議院議員及び参議院議員の選挙権を有する。
民法総則第3条	満20歳	満二十年を以って成年とす。
民法第731条 民法第753条	男：満18歳 女：満16歳	男は，満十八歳に，女は，満十六歳にならなければ，婚姻をすることができない。 未成年者が婚姻をしたときは，これによって成年に達したものとみなす。
少年法第2条	満20歳	『少年』とは，二十歳に満たない者をいい，『成人』とは，満二十歳以上の者をいう。
労働基準法第56条 労働基準法第61条	満15歳 満18歳	満十五歳に満たない児童は，労働者として使用してはならない。 満十八歳未満の労働者については，午後十時から午前五時までの間において使用してはならない。

ライフ・サイクルの中の青年期

象であり，社会的地位の獲得過程であることを示している。

「青年期」誕生の背景：工業化以前

表1-2は，1790年にロンドン*で出版された人生ゲームに登場する人生の区分である。それによれば，若者期は12歳で終わり，13歳からは成人期にはいる。青年期や青春ということばはどこにも見当たらない。「子ども」期と「大人」期の間にあって，もはや子どもではなく，かといってまだ大人としての責任を果たさず，大人としての承認も得られていない時期としての「青年期」は，ヨーロッパでおきた産業革命がもたらした，あるいは社会の経済的・人口学的構造の変化がもたらした歴史的・社会的産物だといって過言ではない。

今日，新たに人を知り，自分のことを相手に知ってもらう場合には，まず最初に，氏名や年齢など個人情報を与えたり得ようとしたりするだろう。氏名や年齢，生年月日は「個人」を識別するのに，有用な情報だからである。しかし，このような考え方は，16～17世紀より後になって登場してきたものである。それまでの時代，飢餓，貧困，病気などのさまざまな問題から，人間が生き，命を長らえるということは，私たちの想像を越えるきわめて困難なことであった。人は大勢生まれたが，成長途上でその多くが亡くなり（表1-3），大人に達することができたのはわずかだった。そのため，親といえども，個々の子どもに特別の愛情や関心を注ぐことが少なく，また経済的理由もあって，7～8歳くら

---

*ここでは，研究がすすみ情報として入手しやすい欧米の歴史を中心に解説する。だが，社会の有り様が異なれば，それに伴って，青年期の有り様が異なるから，一般化には慎重であることが求められる。

表1–2　人生の時期の区分 (小嶋, 1991)

時　期	年　齢
乳児から若者	1—12歳
成年期	13—24歳
人生の全盛期	25—36歳
平穏な中年	37—48歳
老　年	49—60歳
衰　退	61—72歳
もうろく	73—84歳

＊イギリスの子ども向けのゲーム（出版人：ワリス, J.）による（1790年）。

当時のイギリスの人々は，わずか12歳までの間に乳児から若者期を通過し，13歳からは成年期として人生本番に突入していたことが読みとれる。人生の時期をどのように区分し，それをどのようなものとして生きるかは，社会によって規定されているのである。この当時，現代より遅い年齢で身体能力の完成を迎えるのがふつうであったが，そのような身体的変化は，人生の時期を区切るものとして意味をもたなかった。

表1–3　工業化以前の寿命 (ギリス, 1981 より作成)

1690年代
　　32.0年（イギリス）
　　27.5年（ドイツ）

18世紀初頭のイギリス貴族
　　45.8年（男）
　　48.2年（女）
　　＊栄養がよい貴族は庶民より長寿。

1671〜1700年　シャラン村（フランス）の死亡率
　　生後1カ月以内　18％
　　生後1年以内　35％
　　20歳までに　53％

1830年代　イギリスの聖職者層での死亡率
　　20歳までに　約 $\frac{3}{4}$

いにもなれば，よそへ奉公にやってしまうのが一般的であった（ギリス，1981; 図1-1）。事実，「子ども」と，従僕など財産を持たず他人に従属し人の情けでやっと生きていける低い身分の人間とは同じ言葉であらわされ（Topic），年齢にかかわらず，経済的に自立して生活できる人間か否かの区別しかなかったことが読みとれる。つまり，厳しい生存条件下にあって，生まれてしばらくのうちに多くが死んでいくのが常態となっている時代・社会では，ひとりひとりを固有の存在と認める余裕をもちあわせてなどいなかったのである。家族が「自分たち家族」という意識をもち，それ以外の人たちから心理的にも空間的にも区別されるのは17世紀になってからであり（トワン，1982），個人の年齢や出生地に関心が払われるようになるのは18世紀以降，子どもが一人前になることを援助する近代家族の成立は19世紀後半のことである。

また，慢性的な栄養不良のせいもあって，身体発達は遅くゆっくりであった。初潮年齢は現代と比較すると，およそ3年以上遅く（3章参照），16世紀の百科事典によれば，身体能力が完成するのは20代後半から30代初めにかけてであった。しかし，一般的な貧しさは，身体能力の完成を待たずに，自ら働き生計をたてることを強いた。このような背景から，10代から20代にかけての独自性が注目されることはなかった。

「青年期」誕生の背景：工業化と都市化

「朝，ジャガイモ。昼，ジャガイモ。夜，ジャガイモ」これは，19世紀中ごろのアイルランド農民の食事である。このほかには，ミルクを飲むくらいであった。なんとひどい食事だろう。今日の私たちはそう思う。だが，人類のこれまでの長い歴史において，

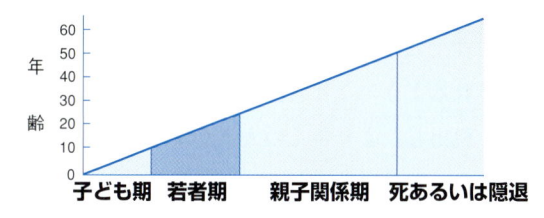

図 1-1 工業化以前の社会における人生の諸段階(ギリス,1981)
通常の場合,およそ 7～8 歳ごろに,親元を離れて他人の家に住み込み,召使いや徒弟として労働に携わった。

Topic　年齢に関するあいまいなことば

　工業化以前は,年齢に関することばがきわめてあいまいであった。たとえば,18 世紀において,フランス語のギャルソン (garçon),ドイツ語のクナーベ (Knabe) ということばは,6 歳の子どもにも,40 歳の成人に対しても使われていた。それは,これらのことばが,社会的地位や役割機能を表していたからであり,ギャルソンは「少年」という意味と「召使い」という意味を共有していたのである。英語の「ボーイ (boy)」にもその痕跡がみられ,男の子をさす場合とホテルやレストランでの男性従業員への呼称として使用される場合とがある。アイルランドの農民たちは,年齢にかかわらず,未婚で財産を持たない男性をボーイとよび,結婚と財産が社会的地位のもっとも重要な規定因となっている社会で,下層地位にあることを示すものとなっている(ギリス,1981；チュダコフ,1989 より)。

人間はずっと飢餓に苦しんできた。このようなひどい食事すら，安定的に取れるようになったのは比較的近年になってからである。

18世紀末，やせた土地でも比較的よく育つジャガイモ (Topic) が広く栽培されるようになり，食糧事情が好転した。人々はようやく飢えから脱出し，より多くの人々がより十分に食べることができるようになった。このことが「人口爆発」の一因となったといわれている (図1–2)。

他方，食糧問題の改善から幼いうちに死んでしまう子どもが減少し，より多くの子どもがより長く生きることになったが，同時に彼ら全部が親の土地や財産を継承するわけにはいかなくなった。ちょうどそのころ，ワットによって蒸気機関が発明され，いわゆる「産業革命」が人々の生き方・生活に大きな変化をもたらした。第1に，都市化が急速に進行した。工場が次々と建てられ，そこで働く労働者がその周辺に集まる。その労働者たちを相手に，商売をする者がやってくる。そして，土地・財産分与からあぶれた若者が，職を求めて農村部から工場を中心にした都市に大量に流入してきたのである。1880年代にイギリスの農村からロンドンに移住した者のうち，約80％が15歳から25歳までの者で占められていたといわれている。都市の街頭には，若者が夜遅くまでたむろし，階級間・世代間の緊張も高まった。しかし，その一方，生まれながらの土地や職業に縛りつけられていた時代は終わり，自分の人生をどこでどのように生きるかを自分で選択する余地が生じることになった。

第2に，工業化によって，社会全体の生産力はそれまでとは比較にならないほど高まった。それまで，ごく小さな赤ん坊を除き，働ける者は子どもから年寄りまで皆働いて，やっと何とか糊口を

Topic　ジャガイモ

　南米中央アンデス中南部（ボリビアやペルーあたり）の高地植物。大航海時代の探検家たちが初めてこれをヨーロッパのスペインにもたらしたのは，16世紀中ごろである。ジャガイモには芽のあたりに毒があり，食べ方に工夫が必要であったため，すぐには普及しなかった。ヨーロッパの土壌はあまり肥沃とはいえないところも多く，食料が不足しがちであったが，やせた土地でも比較的よく育つジャガイモが18世紀末ごろにヨーロッパ各地に普及すると，人々の栄養状態はかなり改善されるところとなった。一時は，貴婦人たちの間でジャガイモの花を帽子などに飾ることが流行るほど，ジャガイモは歓迎された。

　ジャガイモの普及がヨーロッパの人口爆発の要因の一つであり，ひいては産業革命を可能にしたといわれている。ドイツなどでは，現在でもジャガイモが主食としてテーブルにのぼる。

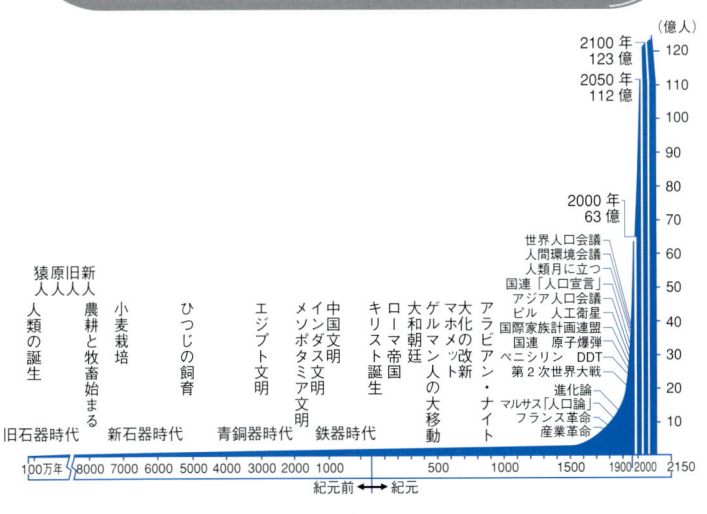

図1-2　世界の人口の推移（人口問題研究会，1976）

しのぐのが通常であったが，効率の良い機械を用いることによって，労働者1人でそれまでの数人分の労働に相当する生産量をあげることができるようになった。余剰の一部は設備投資にまわされて，生産の効率化をますます推し進め，また社会資本・設備の充実や，個人の家計にギリギリ食べていけること以上のゆとりを生みだしたのである。つまり，社会の生産性が増大することによって，働く能力をもちながらしばらくの間働かない人を養うだけの余力を社会がもつことになったといえる。

学校教育と「青年期」誕生

そうした条件整備の上に登場したのが，学校教育である。といっても，長期間の学校教育というものが一挙に普及したわけではない。はじめは，中産階級以上において，家督や家業を相続できない第二子以下の子どもが，それなりの収入と誇りを確保できる職業に就けるように，教育を受けるため学校に送りこまれることから始まった。他方，教育費を低減させるべく，産児制限がとられるようになり，両親はより少ない子どもの将来に心を寄せるようになった。やがて，教育期間は徐々に長期化し，親への長期に及ぶ依存状態におかれた「青年期」が成立したのである（Topic）。

こうした青年期誕生の背景は，そのあり方を方向づけることになった。つまり，青年は身体的には一人前として働く能力をもちながら，親に高い学費を払ってもらって社会的役割や労働を猶予してもらい，社会的責任を担わなくて済んだ。しかし，他方，その代償として，広く大人たちに従属し，服従せざるをえなかったし，また大人のさまざまな特権の享受を先送りにすることを余儀なくされたのである。

Topic 19世紀のヨーロッパの中産階級で誕生した「青年期」

工業化以前の社会において,「若者期」とよばれたのは,通常の場合,7〜8歳ごろに自分の生家を離れ,他人の家で徒弟や召使いとして半依存状態におかれた時期であった。20代半ばに結婚して完全に独立すると,若者期は終了した(図1–1参照)。

他方,19世紀後半には,中産階級において,学校教育が子どもの将来を保証するものとして重要視されるようになり,かつては貴族によって独占されていた高等教育機関に息子を送りこむようになっていった。

> 「学校教育がもたらした一般的な結果は,それ以前の世代が体験したものよりも長期におよぶ依存状態であった。つまり,学校教育は,今日われわれが「青年期」と呼んでいるものに相当する新しい人生段階を創りだしたのである」(ギリス,1990)

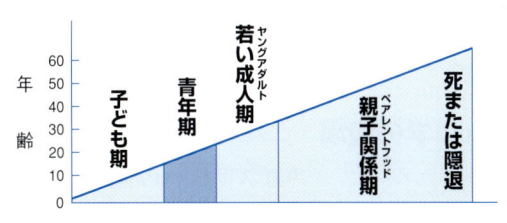

図1–3 1900年当時の中産階級のライフサイクル
(ギリス,1981)

「青年期」の大衆化

しかし、この段階では、青年期は中産階級以上の裕福な家庭の子弟だけに許された特権的なものであった。中産階級の「青年」の概念からこぼれ落ちた存在、それは労働者階級の若者たちである。19世紀末に、彼らは「フーリガン」とよばれ（井野瀬, 1992）、教育の恩恵を十分に享受できぬまま少年労働に従事せざるをえず、貧困ライフ・サイクルの輪から抜け出すことはなかなか困難であった（表1–4）。彼らは、自分たちにそのような苦難を強いる社会の規範や学校という制度に反発し、社会的脅威とされた。そこで、彼らに中産階級の価値観を教える必要性が唱えられ、子どもたちを学校に囲い込もうとする動きが生じたが、貧しさゆえに、学校から逃げ出して働こうとするので就学率はなかなか上昇しなかった（図1–4）。

労働者階級の若者にも教育の水平が広がるのは、イギリスでは20世紀初めのことである。つまり、かつてのように恵まれた階層の子弟だけが青年期を享受する時代は終わり、すべての若者が、生産の場から引きはなされ、社会的庇護を受けるべき時期として、「青年期」というものが制度的に確立していったのである。

◎ 青年心理学の登場

アメリカにおいても、イギリス同様、19世紀後半から20世紀初頭にかけて、子ども・若者が次第に学校に囲い込まれていき、もはや子どもではないが大人でもなく、大人に対して受身的で従属する者としての青年期という概念が社会的に作られるようになった。そうした流れの中で、S.ホールが『青年期』という題名の本を著し（1904年）、ここに青年心理学が誕生したのである。

表1-4 19世紀末の貧困のライフ・サイクル (井野瀬, 1992)

第1期	6歳まで	母親が子育てにおわれ、収入少なく生活困難。3～5歳の子どもを保育所代わりに学校へ入れたがるケースもあった。
第2期	6から10, 12歳まで	義務教育学齢期。実際の就学率は低い。働く母親の代わりに家事担当。父親の多くは労働意欲なし。
第3期	12～14歳	家計の重要な稼ぎ手。稼ぎは母親に。
第4期	14～17歳	家計の戦力。収入の一部は小遣いに。
第5期	18歳以上	大人として独立。

少年労働は、第2期から第4期にかけての子どもたちから、手軽に現金収入を得る手段として歓迎された。しかし第3期あたりで、当面の収入確保が優先され、将来熟練労働者としてより高収入を得るために徒弟修行を積む道を選べないことから、生涯労働者の底辺に甘んじるしかなかった。

図1-4 子どもたちを学校に連れ戻そうとする怠学補導官と警官
(ファーガソン, 1977：ギリス, 1981)

スタンレー・ホールの青年心理学

　ホールは，青年期を人生の重要な段階として位置づけ，後に青年心理学の父と称されることになった（図1-5）。彼は，ダーウィンの進化論の影響を強く受け，発達は基本的に生物学的要因によって規定されており，環境の役割は相対的に小さいという立場をとった。彼によれば，青年期は心の動揺と緊張によって特徴づけられる疾風怒涛の時期であり，受身的で問題行動をおこす傾向がある。しかし，そのような青年期のあり方が都市化と産業化が進行する社会に規定されたものだという視点はとらなかった。ホールの青年期に対するこのような見方は，心理学者や教育学者による青年指導の規範づくりに影響を与えた。

青年期に対する社会文化的理解

　1920年以降，文化人類学や社会学の領域で，青年期研究が行われるようになった。ミード（図1-6，5章参照）は，思春期の精神的不安が人間発達の一時期の特性であるのか，それとも文明が原因となって生じているのかという問題に取り組んだ。そして，『サモアの思春期』において，サモアではアメリカの青年にみられるような心理的葛藤や緊張・不適応がほとんどみられないと指摘し，欧米の社会のあり方が青年期の不安を作り出しているとの立場を表明した。これは，青年期に対する社会文化的枠組みからの重要な指摘であったが，比較の対象があまりに「未開」であったため，当時適切な評価を得られなかった。

青年期発達の理論

　青年期発達について，ここでは4つの主要な理論をごく簡単に

図1-5　スタンレー・ホール（1844―1924）

図1-6　マーガレット・ミード（左）とサモアの少女
（サントロック，1998）

紹介しよう。

　フロイトらによる**精神分析理論**によれば，発達は基本的に無意識の過程であり，青年期適応は防衛機制から理解される。青年期は，性の対象が家族外に広がる時期であるが，以前の段階での両親との葛藤が解決されていない場合は，問題が生じ，他者との間に成熟した愛情関係を形成することが困難になる。これに対して，**認知理論**では，意識的な思考に注目し，それまでとは質的に異なった論理的思考が可能になるということが青年期を特徴づけていると考える。すなわち，青年は理想を抱き，それと現実の比較において現実を評価し，また将来への長期的展望や予期をもつようになる。**行動主義**や**社会的学習理論**では，発達は基本的に学習によって獲得されるものと考える。行動主義は，環境と行動だけを問題にするが，社会的学習理論では，環境と行動と人・認知要因の3つの相互作用を想定する。そして，**生態学理論・文脈理論**では，家族，仲間，文化，マスメディアなどさまざまなレベルの複雑に絡みあった環境世界を重要視し，その中でどの段階でどのような経験をいかに積んでいくかによって，人は大きく影響されると主張する（**表1–5**）。

　近年次第に，いずれか一つの発達モデルでは青年を十分にとらえきれない，と考えられるようになってきている。青年が生きるのは，まさしく歴史的，経済的，社会的，文化的要因が複雑に絡みあった文脈であり，社会化も生物学的発達もそこにおいて展開する。複雑で多面的な青年期，あるいは青年発達を理解しようとする試みは，単にある特徴を記述するだけでなく，さまざまな要因がいかにかかわりあってその特徴を作り出しているかを一つずつ解きほぐすことでもある。

表 1–5 **4 つの主要な発達理論の比較**（サントロック，1998）

理論	連続性	生物学/環境の要因	認知の重要性
精神分析理論	発達段階は非連続。初期経験は後に影響（連続性）。	生物学的決定論。ただし，初期の家族関係の影響。	無意識過程において，重要。
認知理論	発達段階は非連続。初期経験は後に影響（連続性）。	両者の相互作用を強調。環境は認知構造発達の場を提供。	行動の主要因。
行動主義・社会的学習理論	連続性を主張。経験こそが重要。	環境は，行動の原因。	行動主義：重要。社会的学習：媒介要因として重要。
生態学理論・文脈理論	生態学：連続性を問題にせず。 文脈：非連続性。	環境要因を最重視。	生態学：問題にせず。 文脈：重要。

参考図書

〈子供〉の誕生——アンシァン・レジーム期の子供と家族生活　アリエス，P.（著）　杉山光信・杉山恵美子（訳）　1980　みすず書房

　それまでの歴史観社会観を覆した不朽の名著。

〈若者〉の社会史——ヨーロッパにおける家族と年齢集団の変貌　ギリス，J.R.（著）　北本正章（訳）　1985　新曜社

　青年期の歴史的位置づけを知りたい方の必読の書。

子どもたちの大英帝国——世紀末，フーリガン登場　井野瀬久美恵（著）　1992　中公新書　中央公論社

　青年期や公教育普及の過程を知るための興味深い好書。

2 移行期としての青年期

　青年期は一体,どのような時期なのだろうか？　あるいは,人が誕生から死までの一生をたどる上で,どのような意味をもつ時期なのだろうか？　他の時期でなく青年期にこそみられる特徴は何か？　ここでは,青年期を人の一生の中に位置づけながら,理解することを試みる。

　　バラ色の青春というのは幻想である。それを通り過ぎてしまった人が抱く幻想なのだ。
　　——サマセット・モーム

●女の三世代
（バルドゥング・グリーン）

移行期としての青年期

子どもから大人へ

　青年期とは，基本的には「子ども」から「大人」への**移行期**である。子どもは身体機能がまだ十分に発達しておらず，体力的に弱く，認知的な判断の仕方は大人のそれと異なった子ども特有の特徴を示し，いわゆる子どもである。したがって，社会を運営していくためのさまざま活動には参加せず，大人によって保護される。他方，大人はそれぞれの立場から社会を支え，また社会の正式なメンバーとして活動に参加することによって自らの生をより安全でより豊かなものとして営もうとする。人間は社会から切り離されては生きていくことができないからである。青年とは，子どもの世界の住人が大人の世界に移り住むため，移行しているところの人といえる。

通過儀礼

　近代より以前には，多くの社会で，**通過儀礼**（イニシエーション。入会式ともいう）という大人になるための儀式があった。いずれも，そろそろ大人社会への参入を認めてもよいと判断された子どもが，子ども世界からきっぱりと決別し，大人になることの意味を自覚し，また周囲の人々もその者に対する見方を変え，自他ともに完全に別の存在になるための儀式である。通過儀礼の多くが死と再生をテーマにしているのは，子どもとしての自分が消滅し，大人として生まれ変わることを象徴している。

　通過儀礼は，しばしば，非常な苦痛と試練を伴った（Topic）。そこから逃げ出さず，耐えぬいてこそ，自信と誇りが生まれ，大人の資格をもつ者として自他ともに認められ，晴れて正式な構成

Topic 通過儀礼

　子供を狩人に，戦士に，そして一人前の男に変える——それもたった12か月のうちに——，成人訓練に耐えられなかった弱者や臆病者がどんな目に会うか，それはラミンのような小さい子でも——クンタが弟に話してきかせたから——よく知っていた。もし自分がやり損じたら？　クンタはかつて，成人訓練に落第した子は，身体だけは大人のようになっても，一生子供扱いをされるときかされていた。そんなことになったら，誰からも見向きもされず，部落の人たちはそのような臆病な子供が今後生まれないように，絶対に結婚を許さないのだろう。人の噂だと，そういう人間は早晩，村からこっそり居なくなって，二度と帰ってこず，その父母，兄弟，姉妹までも，その男のことは一切口にしなくなるのだという。クンタは自分自身が，汚ないハイエナのように人にさげすまれて，ジュフレからこそこそ逃げ出す姿を想像した。それは考えても，たまらない姿だった。

　　　　　　　　⋮
　　　　　　　（中略）
　　　　　　　　⋮

　「お前たちはもう子供ではなくなっているのだ。お前たちは男に生まれ変っている最中なのだ」と，ある朝カフォー全員を集めて，教官(キンタンゴ)が言った。いままでに，お前たちは男ではないと叱るとき以外に，「男」という言葉を使ったのは，これが最初であった。彼は，お前たちはこれまで何か月間も共に勉強し，共に働き，共にぶたれたあげく，いまやっと一人一人が自分の中に2つの自分があることを悟りかけているのだ，その一つは個々の人間の中にある自分であり，もう一つは同じ血，同じ生活を分ち持っているあらゆる人々の中にある，もっと大きな自分である，と説いた。そのことをしっかり覚えておかなければ，成人訓練の次の段階には進めない。

（『ルーツ』アレックス・ヘイリー（著）安岡・松田（訳），1977 より）

員としてその社会に加わることができた。

　社会の側からいえば, 通過儀礼は, その一員としての自覚をもち, みずからの役割遂行や活動をとおしてその社会を積極的に支える大人を作り出すための装置であった。過酷な試練は, 体力や判断力, 恐怖心の克服などその社会で大人に必要とされる力を養う機会であったが, また同時に, それらの能力が著しく低い者を振り落とす選別・排除の場でもあった。社会に十分に貢献できない者を養い続けることは, 厳しい生存条件下にある余力のない社会では, 社会そのものの存亡にかかわる。その社会が次世代も, その次世代にもわたって存続し, さらに繁栄を重ねていけるかどうかは, その社会のメンバーとしての自覚と能力を十分にもった人材を作り出せるかどうかにかかっていたのである (Topic)。

　日本にも, 通過儀礼の一種として, 烏帽子式や元服式があった。忠臣蔵として有名な赤穂浪士の討入り事件では, 大石内蔵助の長男大石主税(ちから)が討入りに参加するために一人前の武士になることを必要とし, 15歳で元服式をあげ, そして程なくして死んだ。元服前の「子ども」には, 武士として行動することは許されなかったからである。

通過儀礼の消滅した時代

　20世紀初頭は多くの社会において通過儀礼が消滅していった時代といわれている。現代のわが国には自治体主催の「成人式」があるが, ほとんど形式的な儀式となってしまっている。かといって, それに代わるものはほかにない。

　これは, 単に伝統的儀式が消滅したということではない。通過儀礼は, 確固とした世界が安定的に存続している社会,「大人」

Topic 入会手続きの厳格さと集団への魅力の関係

アロンソンとミルズ（1959）は，何かを得るために大変な困難や苦痛を経験した人は，同じものを最小の努力で得た人に比べて，自分が得たものに対して高い価値をおくようになると考えた。そして，次のような実験でそれを確かめた。

女子大学生に，集団討議に参加してもらうための予備知識として，退屈で意味不明の討議内容を録音で聞かせる。しかし，その前に，集団討議に参加するためと称して，入会テストが行われ，その難易度によって，参加者は3つの条件群に分けられている。

① 容易な困惑テスト：ひわいでない性関連語を実験者の前で，読み上げる。
② 厳しい困惑テスト：ひわいなことばや性行為描写を実験者の前で読み上げる。
③ 統制条件：性に関するテーマで討議できるかどうかをたずねられた。

参加者は，討議を録音で聞いた後，討議内容とその発言者について，評定した。結果は，表2-1のように，厳しい入会テストを通過した人の評価がもっとも好意的であった。

実験でなく，54部族の文化を実際に調べた調査では，劇的で厳格な通過儀礼をもつ部族において，もっとも連帯が強いことが報告されている（ヤング，1965）。

表2-1 各実験条件における集団や成員に対する魅力の評定の平均値（数値が大きいほど好意的であることを示す）

評定対象	入会条件		
	統制条件 (n=21)	ゆるやかな条件 (n=21)	きびしい条件 (n=29)
討　　議(9)	80.2	81.8	97.6
参加者(8)	89.9	89.3	97.7
合　　計(17)	170.1	171.1	195.3

であることの中身が明確である社会に参入するときに行われたものなのである。現代は社会自体が流動的で、また価値観も多様であり、大人であることの中身を一様に定義できない。試行錯誤のはてにようやく「大人たること」が自分なりにわかってきたと思ったら、社会のほうがすでに変化していてそれでは通用しない、ということがしばしばおきうるからである。このような時代には、「大人」とは何かを模索しながら、自分を絶えず作り変え続けることが必要になる。したがって、社会の側で一様の通過儀礼を提供できなくなる。現代社会では、子どもとしての自分から抜けて大人としての自分に至るための通路を、青年みずからが作り出さなければならない。

青年期の拡大

　青年期とは、いったい、何歳から何歳までをさすのだろうか？誰もが抱く疑問であるが、この問に答えるのはなかなか難しい。青年期の初期は思春期とよばれ、それは身体の急激な変化（3章参照）によって始まる。つまり、身長・体重増加や第2次性徴発現とともに青年期は始まる。年齢でいえば、女子では約9、10歳、男子では約11、12歳くらいである。

　他方、青年期の終わりはいつか。この問題を解決するためには、どのような特徴をもって青年期と「大人」を区切るかについて考えねばならないが、この点について、一致した見解というものは今のところない。わが国の法律は通常20歳をもって成人と定めているが、法的扱いを除き、本人も周囲の者も20歳を大人と思ってはおらず、青春の真っ只中だと考えている（図2–1）。

　次に、より身近な日常におけることばから探ってみよう。年齢

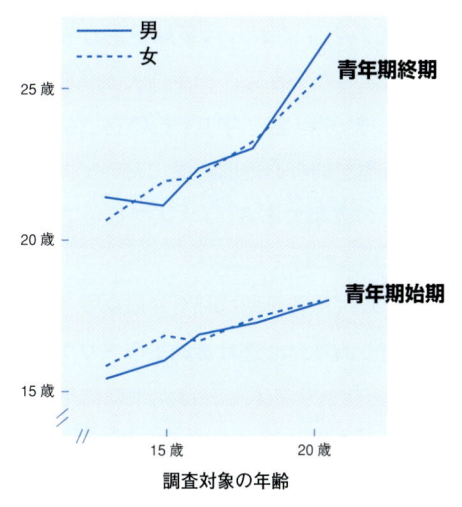

図 2–1 青年期の始期と終期の認知 (植田, 1985)
回答者の年齢が上がるほど, 子ども時代の終期, 青年期の始期, 終期, そして大人時代の始期いずれも上昇傾向にある。とくに青年期終期でその傾向が著しく, 中学 1 年生と大学生ではおよそ 5 歳もかけ離れている。大学生は自分が青年期の只中にいることは認めるが, まだ当分の間青年期にいるとして, 自分を「大人」とは認めていない。

的には大人である初老の人が「いやいや，まだ青二才で」と自己紹介し，「あいつはまだ子どもだ」と中年の同僚のうわさをしたりする。「大人」の概念について検討した研究によれば，単に親から自立するだけでなく，「家族を大切にする」「他人への配慮ができる」などさまざまなことを実現した人が「大人」と考えられているという（表2-2）。これらは年齢を重ねると必ず全員できるようになるとは限らないから，一生「大人」になれない人もいることになってしまう。「青二才」「まだ子ども」などの表現は，大人に求められる理想的な心理的特徴において，やや評価が低いことを伝えるための表現であり，「大人でないこと」が青年であることを意味しているわけではない。

エリクソンによれば，青年期は社会組織を支えるメンバーになるための準備期間であり，心理社会的モラトリアムとして位置づけられている。「モラトリアム」とは元来経済用語で，緊急事態で支払いの「猶予」を認めることであった。それが，「本来果たすべき義務・責任の執行をしばしの間待ってやる」という意味が転用されて，青年期を指し示すことばとなったのである。

では，人が本来果たすべきこととは何か？　それは，社会の共同運営に携わり，社会を担うメンバーとして社会的貢献をすることである。大人への成長の過程で，しばしば，身辺的自立，経済的自立，精神的自立が必要だとされるが，これらは親にもはや迷惑をかけないといった意味ではなく，社会システムのメンバーになるために必要な条件だからである。いずれも抽象的であるので，今一応，青年期の終わりを，教育期間を終えて正式なメンバーとして社会に加わるとき，つまり「就職」するときとしておこう。

わが国の高等教育は，高度成長や少子化傾向を背景として，第

表2-2 「大人」の概念 (鈴木, 1995)

自分に責任がもてる	4.86
精神的に自立している	4.78
他人のことを考えられる	4.67*
自分をよく知っている	4.65
社会的な義務や役割を果たせる	4.61*
経済的に自立している	4.51
家族を大切にする	4.49*
思いやりがある	4.32
自分の身の回りのことができる	4.18
子どもをよくしつけられる	4.07*
親の面倒をみることができる	3.88*
夫婦円満に暮らせる	3.71*
仕事ができる	3.68
知的である	3.67
定職をもっている	3.65

数値が高いほど、大人の概念において、重要な特徴であることを示す。ここでは上位15項目をあげた。また、*は、米国での大人概念調査において、日本と数値が0.5以上異なっており、t検定で有意な違いが認められている項目である。いずれも日本においてより重要だとされている。大人であることの意味は、社会・文化によって異なっている。

2次世界大戦後急速に普及した。今や高等教育は大衆化時代を迎え，多くの人が高校はもちろん，大学やさらに大学院を終えてから就職という進路を選択するようになった（図2-2）。これによって，より高年齢になって就職する傾向が高まり，青年期の卒業時期が後に押してきているのである。

　一方で，発達加速現象があって青年期がより早くに始まり，他方で教育期間の伸張により青年期の終わりが後ろにずれてきているという2つの事象は，結果として青年期の拡大をもたらしている（図2-3）。つまり，もはや子どもではないが，自分で生計を立てられずまだ社会を支える正規メンバーにもなっていない周辺人として生きる期間が，以前と比べてずっと長くなっているわけである。やや乱暴であるが，仮に，思春期から就職までを青年期とすると，初潮と進学率のデータからは，わずか30〜40年の間に，青年期がおおよそ5年ほど延びている計算になる。

● 今の時代の青年期

「モラトリアム」の質的変化

　青年期の拡大という量的な変化だけでなく，現代において，当の青年にとっての青年期の意味も，質的に変化してきている。

　従来，モラトリアムとは，アイデンティティが形成されていく人生の中の一時間・段階のことであった（6章参照）。しかし，小此木（1978）が『モラトリアム人間の時代』という本の中で，このことばに新たな意味を与えた。小此木は，エリクソンのいうモラトリアムを古典的モラトリアムとし，現代の日本に蔓延している生き様を生きる者を「モラトリアム人間」と称して区別した。

　古典的モラトリアムでは，青年は確かに，本格的な社会的役

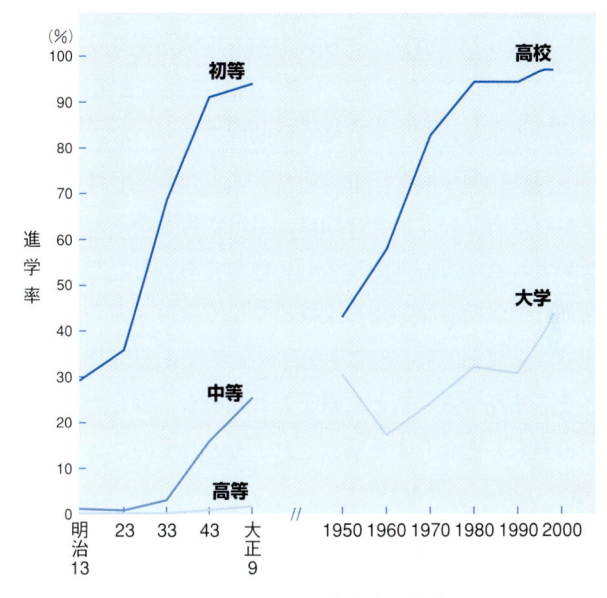

図 2-2 わが国の進学率の推移

註1 1950年以降については，学校基本調査報告より作成。
(高校進学率＝進学者数÷中学卒業者数，大学進学率＝進学者数÷高校卒業者数) 高校進学率が低いときには，当該年齢人口あたりの大学進学率は，図中数字より低くなることに注意。

註2 参考として，明治大正の在学率をあげた（天野，1992 より）。

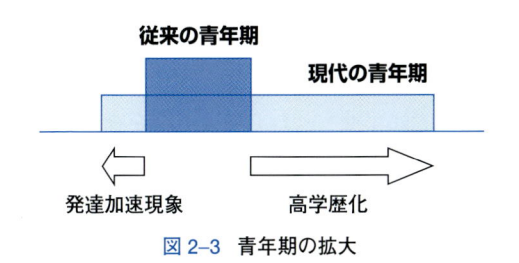

図 2-3 青年期の拡大

割・義務を免除されていたものの，その代償も大きかった。つまり，青年は自分の生活費や教育費を大人に依存することと引き換えに大人に服従しなければならず，自分の能力を発揮したり欲求・願望を追求したりする自立性を制限されていた。また，一人前になることへの圧力が内外にあり，大人としての自己を早く作り出さねばならないという課題は，自分が何者かさえまだよくわからない者にとって心理的に苦しい作業であった。だから，青年は現在の「半人前」状態から抜け出て早く次の「大人」の段階へ移行することに強く動機づけられていたのである。禁欲・修業などのさまざまなつらいことに耐えられたのも，少しでも早く大人として自立し，それらから解放されようとしてのことだといえる（表2–3）。

　新しいモラトリアムの時代といわれる現代，こうした青年の心性は薄れ，青年はむしろ積極的に大人になることを引き伸ばそうとしているようにみえる。今日，青年，とくに大学生の多くは，生活費や勉学費を基本的に保護者に任せ，アルバイトなどによって得た「ゆとり」収入で生活や旅行を享受し，ショッピングを楽しむ。その上，毎日早起きをして通勤ラッシュにもまれ出勤する必要もなく，体力や自由時間は大人よりたっぷりある。いわば，「大人」の楽しさなどのメリットは享受できる上に，義務や責任などのデメリットからは逃れられる。そうであれば，「大人」になることへの魅力は半減し，むしろ，重荷を背負って疲れきった存在にさえみえる大人に積極的になりたいとは思わなくなる。青年たちは，もはや大人をモデルとせず，自分たちの「青春」を人生でもっともよい状態として，そこに留まろうとする。

表 2–3 古典的モラトリアムと現代のモラトリアム
（小此木，1978）

古典的モラトリアム

半人前意識

自立への渇望

真剣な自己探求

部外者意識

歴史的・時間的展望

禁欲主義

フラストレーション

現代のモラトリアム

半人前意識➡全能感

禁欲➡解放

修行➡遊び感覚

同一化（継承者）➡部外者

自己直視➡自我分裂

自立への渇望➡しらけ無意欲

青年と大人の区分の溶解

　小此木による青年期のこのような位置づけからさらに数十年を経た現在，青年は「大人」になる前に，法律で定められているいくつかを除いて，「大人」の行為をほとんど経験してしまっている，という見方もあらわれた（Topic, 6章参照）。つまり，大人と青年を隔てていた垣根は実質的には限りなく低くあいまいになってきている。

　これには，青年の側だけでなく，大人のあり方が変わってきたことも絡んでいる。河合（1980）によれば，ある時期に大人として認められ自己を確立したと思っても，社会が流動的で変動が大きいため，それ以降そのまま安定的に生きられるわけではなく，幾度も自己と世界との関係を立て直さなければならない事態に直面する。そのたびに，大人も迷い悩み，通過儀礼をやり直す必要に迫られるのである（図2-4）。それはまさに，かつての「青年期」の姿そのままである。

　変動の激しい社会では，一般に，柔軟性の高い若者のほうが変化に対して強い。たとえば，コンピュータを考えてみよう。一般向けコンピュータの誕生から，わずか十数年で，もはや社会人の必須アイテムといわれるようになった。若者はたちまち新しい技術を習得し適応する。だが，中年以上の大人にとって，それはつらい。これまでの経験や技能は役に立たないことも多い。会社の中では若い部下たちに，家庭では子どもたちに追い抜かれていくような気持ちになり，若さや自由に嫉妬する。変化がゆるやかで，したがって大人の深い経験が知恵を生みだせた時代とは逆に，大人がむしろ青年に憧れ，社会の中で若さが尊ばれるのである。かくして，青年と大人の区分は限りなく溶解しつつある。

Topic ピアスから消えた儀礼

　成人式に出かける20歳の男女を通りすがりに見ていたら、振り袖にピアス、背広にピアス。「おとな」として社会が儀礼的に迎え入れるこの式に、ピアスも抵抗なく受け入れられている。社会とざらざら擦（す）れるような違和感は、そこにはもうない。
〈中略〉
　あらゆる記号が性的な意味をもちだしたら、もはやなんの性的意味ももたないことと同じになってしまう。それと同じように、ピアスにはもう、「あの」意味がない。
　「あの」というのは、成人儀礼としての意味である。はじめてピアスが登場したころ、多くの「おとな」たちは身体を棄損するこのファッションに度肝をぬかれた。これはあなたがたのものではなくぼくの身体なんだから、穴を開けようが開けまいがぼくの勝手でしょ、という若者の側からの強烈な意志表示を読み取ったのである。
　「おとな」になるための準備は学校という制度の内外で日常的に延々とくりかえされ、成人式の日にはもう、選挙を除いて「おとな」の行為もほとんど経験ずみだ。20歳になって親から独立するわけでもなければ、それまで親の懐のなかにいたわけでもない。ひとは折り目もなく「成長」し、気がついたら「おとな」ですよということになっている。
〈中略〉
　ピアスが「おとな」が用意した成人式のファッションにまで浸透することで、皮肉にも、各自がおこなう成人儀礼という意味は消えた。

（鷲田清一『装いのたくらみ――ピアスから消えた儀礼』日本経済新聞夕刊，1999年1月23日）

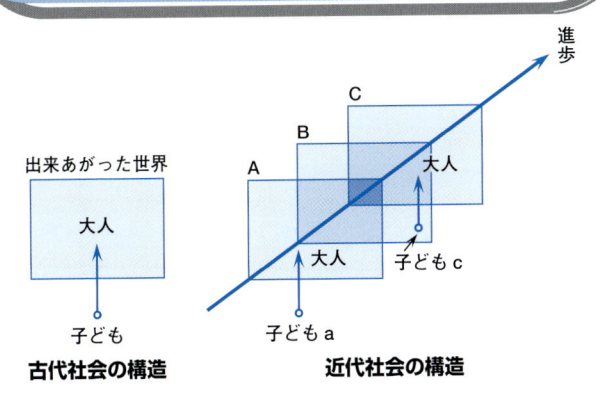

図2-4　古代社会の構造と近代社会の構造（河合, 1980）

今の時代の青年期

○○○ 参考図書

大人になることのむずかしさ［新装版］　河合隼雄（著）　1996　岩波書店
　青年期の課題をわかりやすく解説している。

モラトリアム人間の時代　小此木啓吾（著）　1978　中央公論社
　時代とともに，いかに青年期の様相が変化したかをやさしく解説している。

身体：性的存在へ

　人は「男の子」「女の子」から青年期を経て大人になり，次世代の生命を伝えていく。そのため，生殖能力をもたない子ども期を終えて，次世代を生み育てられる能力をもった大人の段階へ入っていくその途中で，身体に大きく重要な変化がおきる。しかし，それは単に身体のあり方が変わるというだけでなく，直接的間接的に身体の持ち主にさまざまな心理・社会的影響を与え，時にはとまどいをもたらし，喜びや劣等感を生じさせ，変化を自分の思う方向に調整しようとする涙ぐましい努力をおこさせたりする。この章では，人が性的存在へ向かって動いていく様子をのぞき，その意味を考えてみる。

●**ヴィーナスの誕生**（サンドロ・ボッティチェリ）

🌀 身体のめざめ

あなたがまだ幼いころ、自分の体型や身長、髪の性質などを気にしたことがあっただろうか？　おそらく答えは「ノー」であろう。あなたとあなたの身体は心地よく完全に一致し、よい関係を保っていたはずである。ところが、思春期とよばれる青年期初期、身体に急激な変化がおきて、人は初めて自分の身体から抜け出し、あたかも他者が見るように自分の身体を点検し、評価を下す。青年期は、急激な身体の発達によって始まるといってよい。この時期、身体は身長や体重などが増大するという量的変化と、男女それぞれ性的に成熟するという質的変化をみることになる。そして、そのような身体の変化が、こころにもさまざまな変化・影響をもたらしている。

量的変化

人の一生で一番めまぐるしく成長するのは、生まれてからすぐのおよそ2年間である。誕生したとき、赤ん坊は身長約50センチ、体重およそ3キロであるから、わずか牛乳パック3本分の重さしかないことになる。それが1年後には、身長は約1.5倍、体重は約3倍にもなる。

乳児期についで成長の著しいのが小学校高学年（女子）から中学生（男子）にかけての時期である。この時期を、青年期の中でも特別に、「思春期」とよんで区別することも多く、突然の急成長は思春期スパートと名づけられている。1年間にどのくらい身長が伸びるかを示した図3–1や体重の年間増加量を示した図3–2から、思春期スパートがみてとれるだろう。中学1年のとき長さがぴったりのズボンが、2年生のときにはもう裾から足がニュッ

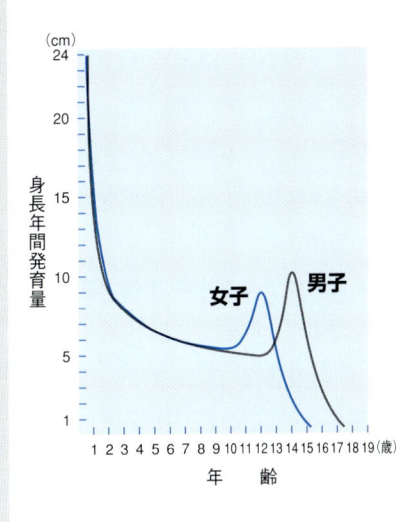

図3–1　身長の年間発育量曲線（ターナー，1978）

身長の年間発育量の推移を示したものである。出生後から2歳までがもっとも著しい伸びを示すが、10代前半にももう一度急激な発達がみられる。これは「思春期スパート」と名づけられている。女子は男子よりも早く小学校高学年で、男子は中学入学後スパートが始まる場合が多い。

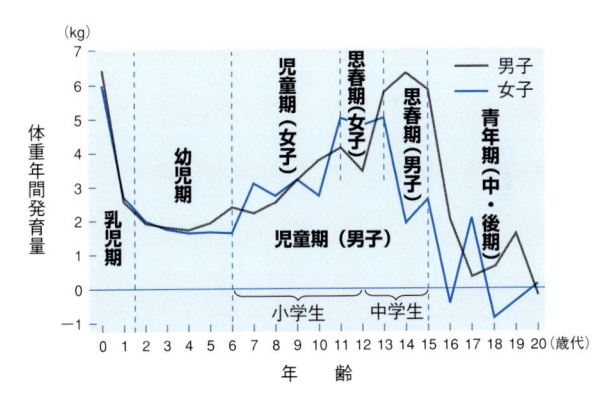

図3–2　体重の年間発育曲線（矢野・落合，1991）

体重の年間発育量を示したものである。ただし、同年出生群の20年間の縦断的変化を示したものではなく、異なる年齢群の体重調査の結果を示したものである。したがって、個人が示す形状とは異なっている点がある。しかし、女子では、小学校高学年から中学にかけて、男子では中学の間に、それぞれ体重が急激に増加することは読みとれるだろう。

身体のめざめ

とはみだしたりするのは，このような変化があるからである。スパートは約2年間続き，この間に女子は10～15センチ，男子は15～20センチくらい身長が伸びる。そして女子は17歳，男子では18歳くらいまでに，大多数の者が自分の最終的な身長の約98％に達する。また，身長の増加にほぼ比例して，体重も増加する。

　生涯を通じて，一般に男子のほうが女子より平均身長が高いが，思春期スパート開始は女子のほうが1～2年早くに訪れることから，小学校高学年から中学1年くらいの間だけは，女子のほうが男子より平均身長が高くなる（図3–3）。しかし，中学後半には，男子がふたたび女子と並び，やがて追い越していく。

　急成長とならぶ青年期初期のもう一つの特徴は，急成長する時期に大きな個人差があることである。図3–4は，1年間の身長の伸びのバラつきを示している。標準偏差が大きいほど，平均値からの散らばりが大きく，その年に伸びた量が人によって異なっているということを意味する。女子は9歳から12歳くらい，男子は11歳から14歳くらいまでの間で，スパートの生じ方の個人差が大きい。

　その結果，小学校高学年から中学校低学年あたりでは，同年齢でありながら，スパートを経てすでに大きく大人っぽい者とまだスパート期を迎えていない身体の小さい子どもっぽい者とが，一つの学年・学級の中で同居することになる。両者の違いは否応なく，自分や他人の目に止まることになり，自分と他の人とを比べ，自分に関心を向け，評価を下すといった内的な活動を促していく。

　誰もがひととおり思春期スパートを経験し終えるのは，女子では約13歳，男子では15歳くらいである。

図3-3　思春期スパート時期の性差

身長・体重ともに、女子のほうが男子よりも早くにスパートする。その結果、小学校高学年や中学1年あたりでは、しばしば女子のほうが男子よりも大きく、大人びている（写真左：小学6年男子、右：小学6年女子）。

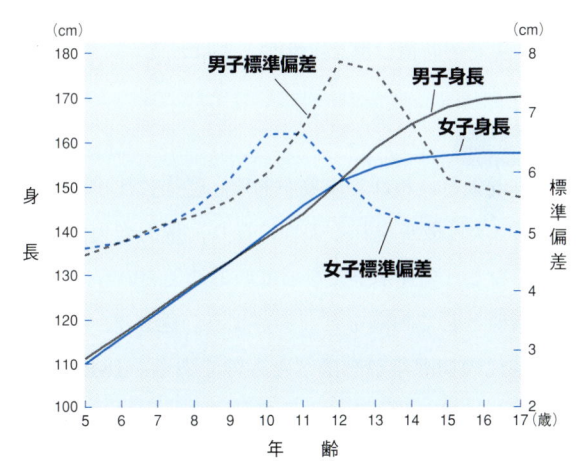

図3-4　年齢別身長の平均値と標準偏差（落合ら，1993）

標準偏差は、各個人の値が平均値からどれほど散らばっているかを示している。この数値が大きいほど、全体として平均値からのばらつきが大きく、個人差が大きい。女子の場合は9歳から12歳くらいで、男子は11歳から14歳くらいでばらつきが大きくなる（図3-10参照）。

身体のめざめ

質的変化

人は，男か女かのいずれかの性をもって生まれてくる。児童期までは男の子と女の子の違いは主として，性器の形態が凸か凹かという第1次性徴にあった。しかし，青年期には，性腺系ホルモンや性ホルモンの分泌が盛んになり（図3–5），その結果，男子では髭，恥毛，精通，筋肉質の身体，女子では乳房発達，恥毛，月経，腰幅の増大などが生じてくる（図3–6）。これらの変化は身長増大とほぼ同じ時期に始まる。そして，それぞれいわゆる男らしい身体，女らしい身体を形作っていく。それらは単に形態的な変化に留まらず，身体の内部においても子孫を残す能力，親になる可能性を備えた性的存在へ変化し，子どもの段階から大人の段階へと向かわせる。このような身体のさまざまな部位と生殖機能における男女の特徴は第2次性徴とよばれる。

発達加速現象

発達加速現象といわれる現象がある。従来に比べて年々，より低年齢で第2次性徴が現れるようになり，量的増大傾向もみられ，体格がよくなり，発達が早くなっていることをいう。

一つの指標として初潮をとりあげよう。図3–7，表3–1は，いろいろな時代の初潮年齢を調べたものである。1840年には16歳を越えてから初潮を迎えるのが一般的であったのに対して，1960年ではそれが13歳にまで早まってきており，およそ百数十年の間に約3〜4年ほど低年齢化してきたことが読みとれる。男子の精通でも，同様の発達の前傾化が生じている。つまり，親の世代に比べて子どもの世代は，性的成熟が早いといえる。

また，身長や体重は年々増大しており，成長も加速化している。

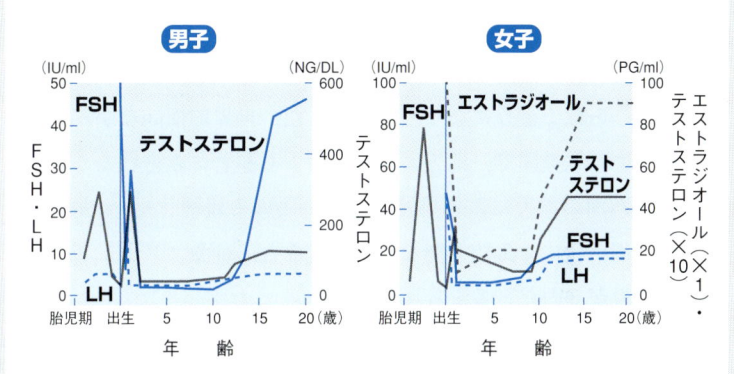

図 3-5 性腺系ホルモン分泌の年齢的推移（玉田, 1987）
性腺系ホルモンの分泌量を年齢ごとに示したものである。性腺系ホルモンは、それぞれ精巣や卵巣に働きかけ、性ホルモンの分泌を促進する。男女とも10歳前後から性腺系ホルモン分泌が増加することが読みとれる。これにより、性的成熟が進展する。

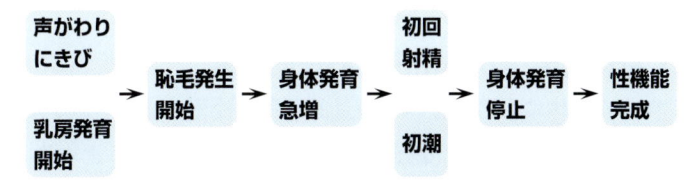

声がわり
にきび → 恥毛発生開始 → 身体発育急増 → 初回射精／初潮 → 身体発育停止 → 性機能完成

乳房発育開始

図 3-6 思春期の身体発達の順序（玉田, 1986）
第2次性徴の現れる順序はおおよそ一定であり、図に示したような順序で身体変化がおきる。

同年齢で比較すると親世代よりも子ども世代のほうが大きく，最終的に子ども世代が親世代を身体的に上まわる（図3-8）。

なぜこうした発達加速現象が生じるのか，その原因ははっきりとは解明されていない。しかし，このような傾向が産業革命のころからみられるようになったこと，また，世界的傾向ながら発達途上国より先進国で，地方より都市でより顕著にみられることから，通婚圏の拡大による異質接合（いわゆる雑種化），栄養の豊富化，都市化による絶え間ない音や光などの刺激，ストレスなどの複合説が有力だと考えられている。

しかしながら，発達がどこまでも限りなく加速していくというわけではなく，アメリカの中産階級の女子ではここ30年くらい初潮年齢が12.8歳にほぼ保たれ，停滞してきている。また，わが国のデータでも，加速の鈍化がみられている。一定の環境条件が備われば，どこまでも限りなく加速するというわけではないようだ。私たちの脳にはあらかじめ組み込まれている生物学的発達プログラムがあり，ある一定の時間を経過して初めて，次の段階に移行するような仕組みが働いているからである。

● 身体的発達がもたらす心理的影響

自分の身体に生じた思春期の量的・質的変化を「背が伸びた」「乳房が膨らんできた」などと，事実として淡々と受け止める人はあまりいない。なぜなら，それは生物学的身体変化にとどまらず，それがさまざまな社会的心理的意味をもち，周囲の仲間や親から今までとは異なった接し方を引き出すからである。そして，それは，ボディ・イメージや自分というものに対するとらえ方を変化させる。

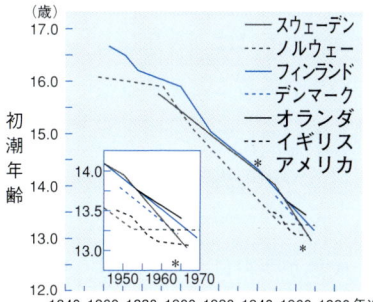

図 3-7 初潮年齢の時代的傾向
(ターナー，1978)

欧米諸国の初潮年齢の時代的推移を示したものである。記録にある1800年代半ばから、どの国においてもほぼ一貫して低年齢化が進行していることがみてとれる。

表 3-1 初潮年齢の推移
(日野林ら，1998)

調査年	平均初潮年齢	標準偏差	調査人数
1961年	13歳 2.6カ月	1歳 2.2カ月	839,049
1964年	13歳 1.1カ月	1歳 1.6カ月	586,466
1967年	12歳10.4カ月	1歳 1.7カ月	619,774
1972年	12歳 7.6カ月	1歳 1.6カ月	425,408
1977年	12歳 6.0カ月	1歳 1.6カ月	105,567
1982年	12歳 6.5カ月	1歳 1.0カ月	123,908
1987年	12歳 5.9カ月	1歳 1.1カ月	70,350
1992年	12歳 3.7カ月	1歳 1.1カ月	62,275
1997年	12歳 2.0カ月	1歳 1.2カ月	73,309

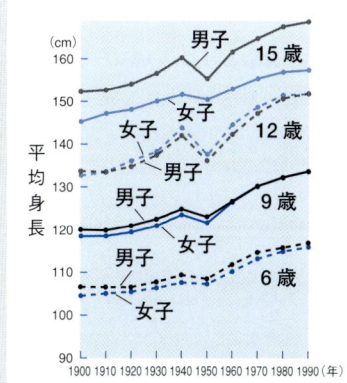

図 3-8 年齢別身長の時代的推移
(平山・鈴木，1993)

1900年から90年間の身長の推移を示したものである。第2次世界大戦による悪条件下にあった時期を除いて、ほぼ単調増加的に背が高くなっていることがわかる。

身体的発達がもたらす心理的影響

性的成熟のとらえ方の性差

　性的成熟が始まり，第2次性徴が次第にはっきりしてくることによって，自分が大人へと向かいつつあることを知るだけでなく，自分の中で生々しい性が動き出していることに気づき，これまでほとんど考えたこともなかった自分の中の男性性・女性性を意識せざるを得なくなる。

　自分の身体でおきている性的成熟が明白になったとき，男女とも「よろこび」などの肯定的反応と「おびえ」などの否定的反応の入り混じったアンビバレントな感情を経験する場合が多い。しかし，詳細にみると，男女によって受けとめ方は異なるようである（表3-2）。つまり，男子では「あたりまえ」や「何とも思わなかった」という反応が多く，自分の性的成熟に対して否定的反応を示すものはあまりいない。ところが，女子は一般的に自分の身体に対する満足度が低く，とくに思春期においては「いやだったが，仕方ないと思った」という否定的反応を示す者がかなり多く，自分が女性であることを消極的にしか受容できない傾向がみられる。

　性的成熟に対する心理的反応のこのような性差は，性役割の受容（5章参照）と強く結びついている。また，文化の中にある女の性に対する古くからの考え方（図3-9）や女性を取り巻く社会的環境の影響も否めない。

早熟と晩熟

　最終的には誰もが思春期の身体変化を経験するのだが，スパートの開始時期は人によってそれぞれ異なる。ほかの人たちに先んじて身体変化が始まる者を**早熟**，反対に後から始まる者を**晩熟**と

表 3-2 性的成熟の発現に対する心理的受容度（斉藤，1990）

人数（%）

心理的受容度	男子			女子		
	変声	恥毛の発毛	精通	乳房の発達	恥毛の発毛	初潮
大人になれて，とてもうれしかった。	2 (2.9)	4 (4.4)	1 (2.5)	8 (11.6)	5 (7.0)	11 (15.7)
大人になる上であたりまえだと思った。	18 (26.1)	34 (37.8)	19 (47.5)	12 (17.4)	11 (15.5)	14 (20.0)
別に何とも思わなかった。	39 (56.5)	31 (34.4)	12 (30.0)	40 (58.0)	27 (38.0)	13 (18.6)
いやだったが，仕方ないと思った。	7 (10.1)	17 (18.9)	5 (12.5)	8 (11.6)	22 (31.0)	27 (38.6)
とてもいやで，できればそうなってほしくないと思った。	3 (4.3)	4 (4.4)	3 (7.5)	1 (1.4)	6 (8.5)	5 (7.1)

おおむね，男子では下2つの否定的反応が少ないが，女子の初潮や恥毛の発毛では受容反応が少なく，「何とも思わなかった」と「仕方ないと思った」という反応が多く，自分の性的成熟に対して喜ばしい当然の変化と受けとめる者が男子に比べて少ない。

図 3-9 穢れを表す産屋（瀬川，1980）

かつて、全国のあちらこちらに、産屋とよばれる小屋のようなものがあった。女性が出産する際に、そして時には毎月の生理の間も、そこにこもった。出産や女性の生理は忌むべき穢れとして考えられていたのである。左2枚の写真は穢れと神秘を象徴している産屋の御幣（京都府天田群大原；中田　昭撮影）、右の挿絵は福岡県大島地方の産屋の模型である。

身体的発達がもたらす心理的影響

よぶ。同学年・同年齢であっても，早熟と晩熟では，体格も性的成熟度もずいぶん異なる（図3–10）。このことが青年にとっては大きな心理的影響をもつ。なぜなら，仲間集団は，同一年齢集団によって構成される傾向があり，能力や身体社会性などは同年齢の人たちと比較されて大人や仲間から，また，自分自身から評価されることになるからである。そして，成長・成熟のそれぞれの度合いに応じて，身長や力の強さ，能力，身体的魅力などの点において差が生じ，優位に立つものと，反対に劣位に甘んじる者とに分かれてしまうことになる。

　周囲の同年齢の大部分に先んじて，大きく大人っぽい身体つきになり高い運動能力を獲得した男子は，周囲の者がまだそうなっていないために目立ち，「背が高いなあ」「（スポーツ時に）カッコいい」と大人や仲間から賞賛を受けるだろう。それは自己評価を高め，自信にあふれた行動を生み出す可能性につながる。晩熟で同性同年齢者に比べて身体つきも表情もまだ幼く子どもの状態にある男子は，自己イメージや身体イメージがあまり肯定的でない，と報告されている（ボクサーら，1983）。一般に，男子では早熟は周囲からの評価も自己評価も概して肯定的であり，社会的適応に優れている。

　しかし，女子では様相が異なってくる。女子では早熟に比べて晩熟のほうが自己イメージが肯定的で，明るく，落ち着いているという報告（ジョーンズ，1949）や，晩熟や早熟という極端な人たちでなく，ちょうど中間の発達程度，つまり多くの人たちと同じような時期に同じような変化を示す女子がもっとも肯定的な自己イメージをもっているという報告（トービンら，1983）などがあり，女子の傾向は明確でない。最近では，早熟な女子は，親か

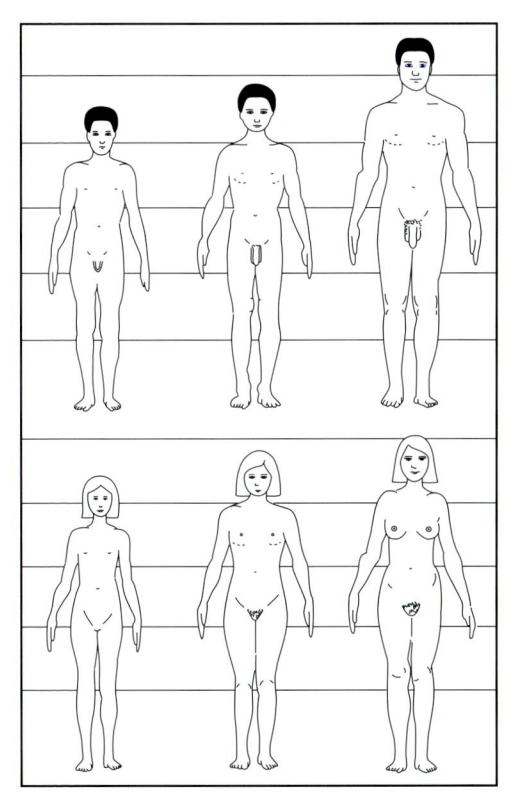

図 3–10 青年期の成長の個人差
女性はいずれも 12.75 歳，男性はいずれも 14.75 歳である。同性同年齢であっても，ある者は思春期スパートを終え性的にも成熟しているが，ある者はまだ一連の変化の入口にいる。

ら早く独立したがり，またその身体が男性の関心を引きつけやすいために性的経験が早く，さまざまな問題に直面する場合があるという研究もある（ブルックス=ガンら，1993）。

　早熟と晩熟にはおおよそ表3–3のような違いがあるが，ここには身体的変化そのものの直接的影響だけでなく，周囲の人たちからの反応を媒介にした間接的影響も含まれている。

思春期変化の影響

　思春期の身体変化は，このほかにもさまざまな心理的影響をもっている。思春期変化の影響を，ここでは3つのレベルに分けてみよう（図3–11）。第1は，ホルモン変化の直接的影響である。男子において，アンドロゲン（男性ホルモンの一種）は攻撃性と結びついており，アンドロゲンの増加は攻撃的な気持ちや行動を引き起こしやすい。第2は，ホルモン変化が第2次性徴をもたらし，それが感情や行動の変化に結びつくという影響の仕方である。たとえば，早熟な女子は晩熟の女子よりも，抑うつの気分を経験しやすい（ベイダーら，1992）。第3は，社会的文脈が絡んだ影響である。人は常に社会的文脈に生きており，思春期変化も学校や家庭という社会的な場において展開する。たとえば，中学高学年では修学旅行や高校受験という社会的出来事を経験する。受験はそれ自体憂うつな気分を引き起こすが，自分の身体の中で性への関心がある場合とまだ生じていない場合とでは，受験への向き合い方，ひいてはそこで味わう憂うつな気分の程度や質は異なるかもしれない。事実，思春期変化・発達（時期と発達程度）要因単独よりも，それと社会的出来事を組み合わせたほうが抑うつや攻撃的な情動をより強く説明できる（ブルックス=ガンら，1989）。

表 3-3　早熟と晩熟の比較 (齊藤, 1993)

男　子
- 早熟は晩熟より大人に対してリラックスしている。仲間からも魅力があると思われており，人気がある。
- 青年期後期には，早熟はリーダーになる傾向があり，より大人である。
- 早熟は晩熟より落ち着きがあり，穏やかで性格がよい。
- 早熟は思春期に，より憂うつさや一時的な不安，従順さを示した。
- 大人からみると，晩熟は身体的魅力が低く，男らしさに欠け，身繕いがよくなかった。
- 晩熟は早熟に比べ，自己概念が低く否定的であった。

女　子
- 早熟は晩熟に比べて，社交性が低く，落ち着きに欠けていた。
- 早熟は晩熟に比べ，仲間からの人気がなく，内的混乱を示す傾向があった。
- 早熟は家族の活動に参加せず，より年上の友人をもつ傾向があった。
- 早熟は自信や社会的信望があった。

ホルモンの直接的影響

　　　　ホルモンの変化　→　否定的な感情や行動

【例】　アンドロゲンの増大　→　攻撃的な感情や行動

第 2 次性徴を介した影響

　　　　ホルモンの変化　→　第 2 次性徴　→　否定的な感情や行動

【例】　女性ホルモン　→　女性的特徴　→　抑うつ気分

社会的文脈を含めた影響

　　　　ホルモンの変化
　　　　　　↕　　　　　→　否定的な感情や行動
　　　　社会的文脈

【例】　性ホルモンの変化
　　　　　　↕　　　　　→　いらだち，不安など
　　　　受　　　験

図 3-11　思春期変化の影響

身体的発達がもたらす心理的影響

○○○ 参考図書

ベーシック現代心理学4 青年の心理学　落合良行・伊藤裕子・齊藤誠一（著）　1993　有斐閣

　まさに青年期を生きている人が青年期ひいては自分を理解する際に役立つ視点やヒントがもりこまれている。

青年心理学ハンドブック　西平直喜・久世敏雄（編）　1988　福村出版

　豊富な資料にもとづいて，とくに第4章で青年期の身体的変化について詳細に述べている。

恋愛とセクシャリティ

　古来，人を惑わせ狂わせるといわれ，時に人生の妙薬として賞賛されてきた恋愛。青年期には，淡い恋心から激しい熱愛までを短時間の間に駆け抜ける。異性に関心を抱き，恋愛感情をもつ。話してみたい，軽く触れてみたいと思う。すでにみたように，青年期前期に，性的な存在になるからである。身体の中から性の衝動が湧き上がってくることもある。だが，人間は他の動物と違って，相手を求める気持ちや行為に関して，心理的にさまざまな意味づけを行う。さらに，性の衝動を昇華させ，精神的な愛に変換する。無論，恋愛もセクシャリティも青年期だけに限られているわけではない。しかし，青年期の一つの重要な側面であることは確かである。

●アモルとプシュケ
（フランソワ・ジェラール）

恋愛

恋愛とは

　一体恋愛とは何だろうか？　人々の関心を引き寄せ文学や音楽の不滅のテーマとして扱われてきた恋愛は，また心理学の研究テーマの一つでもある。ルビン（1970）は，好意と恋愛とを概念的に区別する必要性を主張し，**好意尺度**と**恋愛尺度**を開発した（**表4–1**）。これに対して，デイヴィス（1985）は，恋愛は友情に情熱的要素と世話や擁護の要素が加わったものと考えた。

　スタンバーグによる**愛の三角理論**（1986）は，「親密性」「情熱」「関与」の3要素を考え，その組合せからさまざまな愛の形を説明する。すなわち，愛情関係にあたたかさをもたらす親密性，ロマンスや性的熱情をもたらす情熱，そして意志的な関わりを表し愛情関係を永続的なものにする関与。これら3要素がバランスよく投入されているとき，「完全な愛」が成立するという（**図4–1**）。

　現代社会では，性的に成熟し，恋愛感情（情熱）を抱くようになったとしても，教育や社会制度・風潮などの暗黙の制約があり，安定的な性関係を自らの人生に定位できるようになるまで，約10年以上待たなければならない。学生の身分であれば，経済的独立はまだ達成されておらず，一般に結婚は抑制される。また，人間の場合，相手と親密性を形成・維持するためには社会的スキルが必要であり，その獲得には長い時間や経験を要する。

　いずれにしても，恋愛が成就し，完全な愛となるのにはなかなか困難を伴うもののようである。このことが，青年の異性に対する感情や態度を複雑なものにし，時に相手や自分を深く傷つけてしまうといった事態を招いたりする。

表 4–1　ルビンの好意尺度と恋愛尺度 (ルビン, 1970；藤原ら, 1983)

好意尺度	恋愛尺度
1. ○○さんは私の知りあいの中でもっとも好ましい人物だと思う。	1. ○○さんと一緒にいられなければ、私はひどく寂しくなる。
2. 私は○○さんをとても適応力のある人だと思う。	2. 私は一人でいると、いつも○○さんに会いたいと思う。
3. ○○さんは責任ある仕事に推薦できる人物だと思う。	3. もし○○さんが元気がなさそうだったら、私は真っ先に励ましてあげたい。
4. 私は○○さんのような人物になりたいと思う。	4. ○○さんのためなら、ほとんど何でもしてあげるつもりだ。
5. ○○さんと私はお互いにとてもよく似ていると思う。	5. ○○さんと一緒にいると、相手の顔を見つめていることが多い。
6. 私は○○さんと一緒にいるとき、ほとんど同じ気分になる。	6. ○○さんを独り占めにしたいと思う。

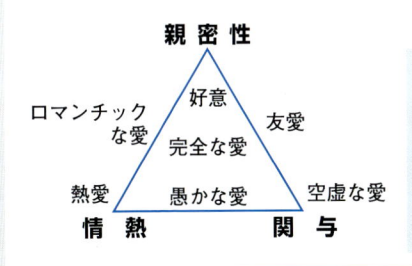

好意：親密性のみ
熱愛：情熱のみ
空虚な愛：関与のみ
ロマンチックな愛：親密性＋情熱
愚かな愛：情熱＋関与
友愛：親密性＋関与
完全な愛：親密性＋情熱＋関与
愛なし：すべてなし

親密性：つながりや絆を求める穏やかな感情
情熱：性的願望の達成を動機づける強い感情
関与：短期的/長期的関係関与への意志

図 4–1　愛の三角理論 (スタンバーグ, 1986)

恋愛の進展

恋愛はきわめて個人的なものであり，一人一人の顔が違うように，恋愛のあり方もまた人によって異なる。だが，恋愛は個性的なものであると同時に，多くの人々が類似した体験をもつという側面もある。図4-2は，恋愛の進展に伴ってみられる典型的な行動を示している。それによれば，恋愛はおおよそ5つの段階に分けられる。会話内容や性的行動，けんかなどさまざまな領域にわたっているが，たとえば，会話内容では第1段階にある者同士が，いきなり殴り合う（第5段階）といったことはほとんどなく，どの領域においてもほぼ同じ段階を順に進んでいくようである。

身体的魅力の効果

恋愛においては，同性の友情と異なり，身体的魅力が大きな意味をもつ。調査などで，相手の「顔」と「心」のどちらを重視するかをたずねると，多くの人は「心」をあげる。だが，アロンソン（1969）は，次のようにいう。

> われわれは，多かれ少なかれ，美人は不美人より好かれるという非民主的なことを示す証拠を知りたくないのだろう。民主主義では，一生懸命努力すれば人は何事もできると信じたいのである。だが，いくら努力しても不美人は美人にはなれない。

アロンソンはなぜ，このような反民主主義的なことをいったのであろうか。実は，美人は不美人より好まれることを示した研究結果がいくつかあるからである。その一つは，「コンピュータがあなたにぴったりの相手を選びます」と称したダンス・パーティ

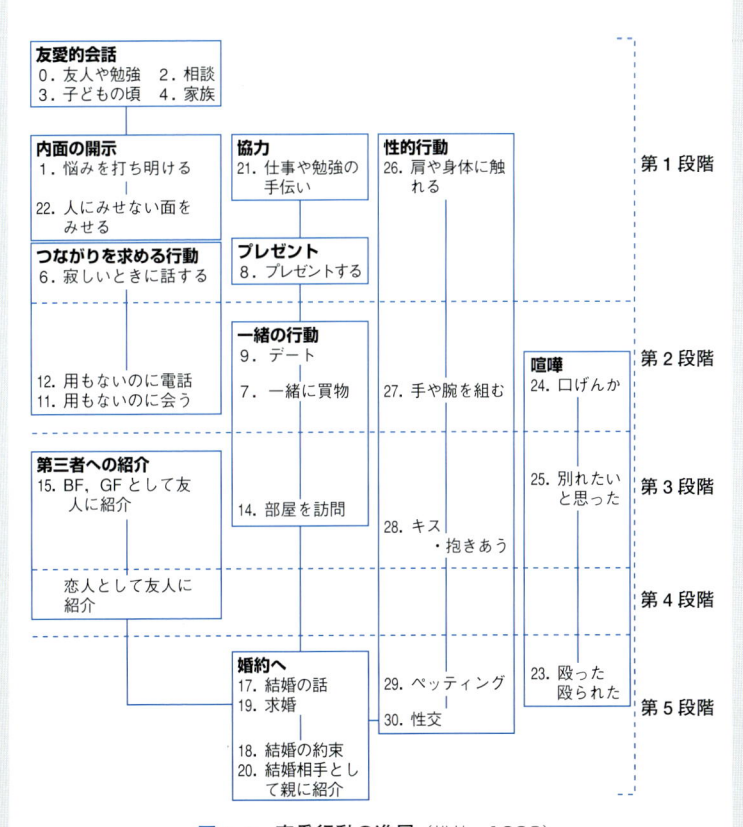

友愛的会話 0. 友人や勉強　2. 相談 3. 子どもの頃　4. 家族				
内面の開示 1. 悩みを打ち明ける | 22. 人にみせない面を 　　みせる	**協力** 21. 仕事や勉強の 　　手伝い	**性的行動** 26. 肩や身体に触 　　れる |		第1段階
つながりを求める行動 6. 寂しいときに話する	**プレゼント** 8. プレゼントする	|		
12. 用もないのに電話 11. 用もないのに会う	**一緒の行動** 9. デート 7. 一緒に買物	27. 手や腕を組む |	**喧嘩** 24. 口げんか	第2段階
第三者への紹介 15. BF, GFとして友 　　人に紹介	| 14. 部屋を訪問	| 28. キス 　・抱きあう	25. 別れたい 　　と思った	第3段階
恋人として友人に 紹介				第4段階
	婚約へ 17. 結婚の話 19. 求婚 18. 結婚の約束 20. 結婚相手とし 　　て親に紹介	29. ペッティング 30. 性交	23. 殴った 　　殴られた	第5段階

図 4-2　**恋愛行動の進展**（松井，1993）

実験である（ウォルスターら，1966）。実際には，受付の係員になりすました数人が各男女の参加希望者の身体的魅力度をひそかに判定し，その後適当に男女を組み合わせた。パーティの後半，本日の相手とまた会いたいと思うかなどの質問が並んだアンケートが実施された。その結果，同じ相手と再度デートを希望する度合いは，相手の身体的魅力によって大きく異なっていた。男女とも，相手が「美しい人」であればあるほど，再会希望が高かったのである（図4–3）。

なぜ身体的魅力度の高い人に惹かれるのかについては，① 社会的学習，② 資源所有，③ ハロー効果，④ 利己的遺伝子，の4つの理由があげられる（表4–2）。「顔や身体」は恋愛において重要だとなかなか認められない傾向があるが，それとは逆に，女性はおしゃれやダイエットに励み，男性も髭やヘアスタイルに気を遣うことによって，より魅力的にみせるための努力を重ね，現実には顔や身体を重要なものとして位置づけている。

🌀 セクシャリティ

セクシャリティとは，男ないし女という性をもった人間同士の間で交わされる性的な関心，性欲，性行為などをまとめてさすことばである。人間の場合，性衝動・性欲を感じたときに，それをただちにストレートに表出することは少ない。どの人間社会にも，性に関するモラル・規範・ルールがあり，それが人間のセクシャリティを統制しているからである。性のモラルやルールは，社会・文化の中で作り出され，ほかの制度や習慣風俗などと絡み合って，さまざまな意味や機能を担っている。したがって，セクシャリティのあり方も社会・文化や時代によって変化する。

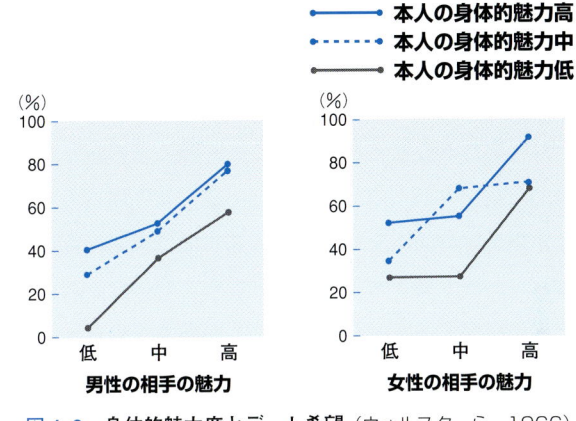

図 4-3　身体的魅力度とデート希望（ウォルスターら，1966）

表 4-2　身体的魅力度の高い人が選好される理由

社会的学習	メディアなどを通して，美しい人を愛するべきだということを学習する。
資源所有	豪華な資産と同様，美しい人を手に入れたということは，それだけ本人にパワー・威信があることを示す。美人の恋人を持っている人は，人柄や能力が優れているとみなされたりする。
ハロー効果	美人は，容姿だけでなく，性格や能力の点でも優れていると思われやすい。
利己的遺伝子	顔色がよく，健康な人は，そうでない人より美しい。したがって，男女を問わず，美しい異性を相手として選択することによって，自分の遺伝子をより確実に繁栄させることができる。

セクシャリティ

さまざまな性モラルとセクシャリティ

　ヴィクトリア朝時代（1837～1901年）は，ヴィクトリア女王の下，大英帝国がもっとも繁栄を誇った華やかな時期であるが，性に関して非常に厳しく抑圧的な時代としても有名である。男女はそれぞれ，男らしく女らしくあることが強く求められた。とくに，経済的余裕をもった中産階級以上では，女性は貞淑で男性に従い，ほかの男性の誘惑を避けるため基本的に家庭に留まるべきものとされ，一人で外出するのもままならなかった。若い女性は夫となる人に出会うまで純潔を守ることが強く求められ，親はそのために娘をしっかりと監督した（図4-4）。

　これとほぼ同時代の江戸時代の末期，わが国では「性の訓練」が若者組を中心になされていた。たとえば，東北のある村においては，娘と出戻りの女性は若者の共有物であるとされていた。村の娘は15歳になると，定められた家に泊まりに行き，若者たちの要求に従わなければならなかった。もし拒絶すれば，彼女には制裁が加えられる。娘の親にもすぐ報告が届き，親は娘にその不心得を諭す。それでも従わないときは，親自らが娘を村外に追放しなければならなかったという（中山，1958）。このような風俗は日本のあちらこちらでみられたが（Topic），明治時代以降次第に消えていった。

　明治時代になると，女性にそれまでとは別の意味で厳しい性モラルが求められた。つまり，女性だけに性的な慎みが求められ，これを破ると社会的な批判を受けたり姦通罪が適用されたりした。他方，男性のセクシャリティに制限が加えられることはなかった。

　このように，長い間，男性には性的イニシアティヴや積極性を，女性には性的従順性や慎みをという，男女のセクシャリティに対

図 4-4 バンドリングの風習
(コーエン,1994)

ヴィクトリア朝時代,若い未婚の男女交際は認められていたが,交通が十分に発達していなかったため,男性が女性を家まで送り届けると,その後自宅に帰る手段がなく,時には,女性の家に泊まることになった。女性の両親は娘の純潔を守らねばならない。そこで,図のように,ベッドの真中に仕切りを設け,一晩中明かりをつけておく方法や,親が娘を大きな袋に入れ,首のところで紐を結ぶ方法によって,性交を防ごうとした。これをバンドリングというが,語源は後者の方法「bundle(包む,くくる)」に由来する。やがて交通が発達し,その日のうちに男性が帰宅できるようになると,若いカップルの居場所は客間の長椅子へと移行し,男性の滞在時間も短くなり,バンドリングはすたれていった。

Topic 女性共有の風習

越後のある村では,お盆の休日をともにする女性を,村の若者がクジで決める風習があった。相手となる娘の承諾なしに,若者連で勝手に決めてしまうのである。村の娘はこれに服従しなければならないとされ,親もこれを公然と許可した。もし,あたった娘が気に入らないときは,酒一升でほかの人と取り替えてもらうこともできた。男女人数に過不足があるときは,その数だけ白クジを作り,それを引き当てたものは,その年,女性なしで過ごすことになっていた。これも,酒を出して誰かの娘を譲ってもらうことができた。翌年は,また新たにクジを引きなおした。

性交渉をもつ相手はたいてい村の者に限られ,村外の若者や娘と通じたものは,水中に放り込み半死状態にする(関東のある村),昼間裸にして村内を引き回す(近畿のある村),神社に村内の若者連中を招いて饗宴でもてなしをさせる(山陽のある村),などの厳しい制裁が加えられた。

(中山,1958 より)

セクシャリティ

して異なる基準が設けられてきた。これを**二重基準（ダブル・スタンダード）**という。後にみるように，二重基準は社会化を通して比較的最近まで引き継がれてきたが，近年急速に差異が縮小し，基準そのものも曖昧になりつつある。

恋愛感情の性差

異性に対する関心や親しくなりたいという欲求は，10代前半から男女とも同じように高まっていく（図4–5）。しかしながら，実際に一対一の親密な関係が始まり，その関係の中で具体的な性行動がどのように展開していくかについては，性差があるといわれている。すなわち，概して男子は性的な興味や関心が先にあって，それが特定の異性に焦点化していくのに対して，女子では特定の異性と親しくなる過程で性的な関心を触発される傾向がある（伊藤，1993）。いいかえれば，性的欲求が先行する男子と，相手への「好き」という気持ちが徐々に性的欲求を形作っていく女子の違いである。

このことは，性交の動機に顕著に現れている。男子では，相手に対する好意感情と性的興奮や好奇心は矛盾なく共存し得るものであるのに対して，女子では「心」だけで恋愛をとらえる傾向があり，時には自らの性的欲求なしに「相手に強要されて」性交を経験する場合もある。

進化心理学的説明

このような男女間の恋愛感情の違いについて，最近の進化心理学は図4–6のように説明する。すなわち，およそ生物たるものすべては，「**利己的な遺伝子**」（ドーキンス，1976）の働きにより，

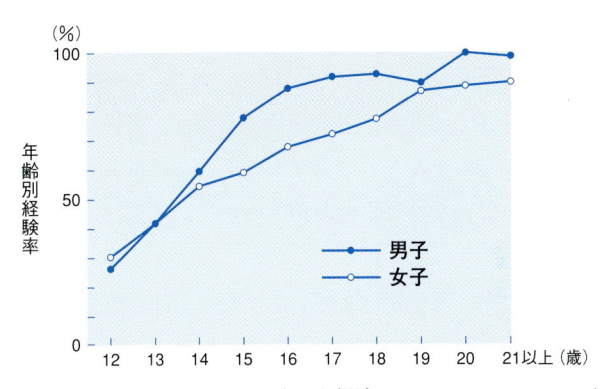

図 4-5　**性的なことに関心をもった経験**（日本性教育協会，1994）

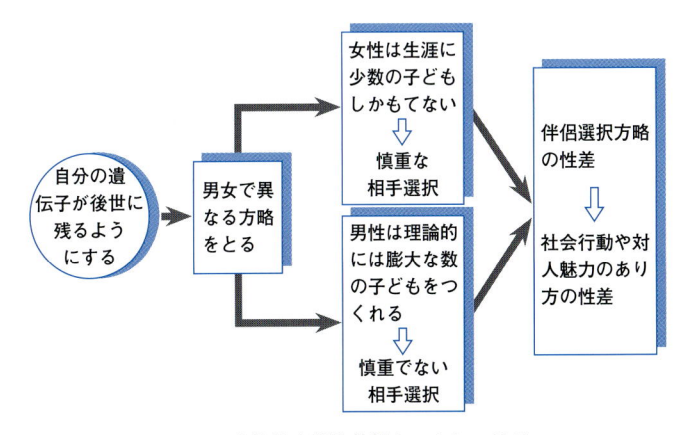

図 4-6　生物社会学的基盤とセクシャリティ

セクシャリティ

自分の遺伝子を次に残す可能性を最大化するという目的にしたがって，生きるように運命づけられている。人間も例外ではない。このことは，生物学的な違いゆえに，男性と女性とを異なる方向に導く。1回の妊娠に約9カ月を費やす女性は，生涯においてせいぜい25人の子どもをもつのが限界であるが，男性は理論上では生涯に数千人もの子どもの生物学的な父親になることが可能である。したがって，女性は異性の相手の選択に慎重になるが，男性は慎重である必要はない。このことが，日常生活での行動やセクシャリティのあり方を規定している。たとえば，男性が性関係を結ぶことに対して積極的であるのは，そのほうが自分の遺伝子をたくさん残せる可能性があるからである。また女性は「誠実な男性」を好む傾向があるが，これは子育ての大変な時期に，自分たち母子を見捨てない男性を選択しようとするため（バスら，1998），というわけである。

現代のセクシャリティ

現代において，性モラルは急激に変化し，日本の若者のセクシャリティは，少なくともある部分では，一挙に解放に向かっているようである。マスメディアはしばしばそれを大きく伝えている。図4-7は，性体験のこの20年間の変化を示している。とくに，女子が男子並あるいはそれ以上になってきていること，低年齢化してきていることの2点で，大きな変化がみられる。

その背景の一つには，性意識の変化があると思われる。図4-8は，婚前性交に対する意識の国際比較調査結果であるが，日本は「愛情があればかまわない」と考えている若者が西欧並に多いことがわかる。

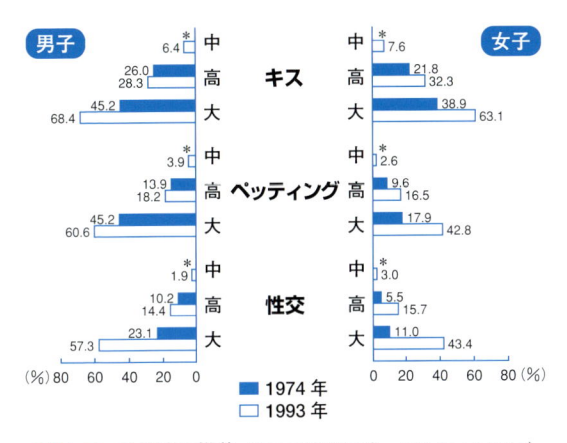

図 4-7 性体験の推移(日本性教育協会, 1975:1994)
* 1974年中学生のデータはない。

男子 / 女子

キス
- 中: 男 6.4* / 女 7.6*
- 高: 男 26.0, 28.3 / 女 21.8, 32.3
- 大: 男 45.2, 68.4 / 女 38.9, 63.1

ペッティング
- 中: 男 3.9* / 女 2.6*
- 高: 男 13.9, 18.2 / 女 9.6, 16.5
- 大: 男 45.2, 60.6 / 女 17.9, 42.8

性交
- 中: 男 1.9* / 女 3.0*
- 高: 男 10.2, 14.4 / 女 5.5, 15.7
- 大: 男 23.1, 57.3 / 女 11.0, 43.4

■ 1974年　□ 1993年

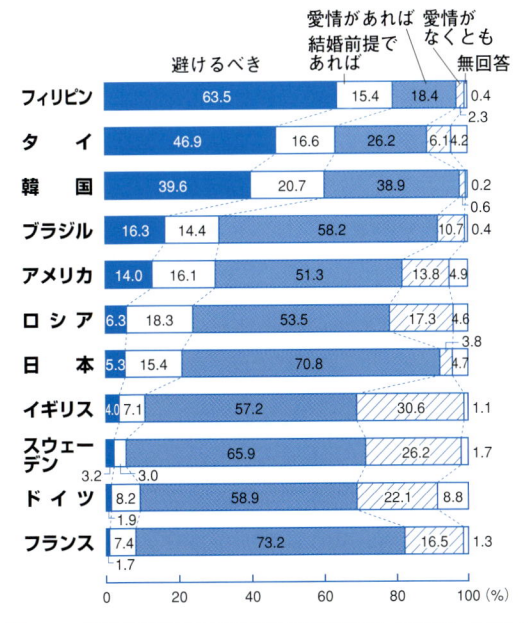

図 4-8 婚前性交に対する意識の国際比較(総務庁, 1994)

国	避けるべき	愛情があれば結婚前提であれば	愛情がなくとも	無回答
フィリピン	63.5	15.4	18.4	0.4 / 2.3
タ イ	46.9	16.6	26.2	6.1 / 4.2
韓 国	39.6	20.7	38.9	0.2 / 0.6
ブラジル	16.3	14.4	58.2	10.7 / 0.4
アメリカ	14.0	16.1	51.3	13.8 / 4.9
ロ シ ア	6.3	18.3	53.5	17.3 / 4.6
日 本	5.3	15.4	70.8	3.8 / 4.7
イギリス	4.0 / 7.1	57.2	30.6	1.1
スウェーデン	3.2 / 3.0	65.9	26.2	1.7
ドイツ	8.2	58.9	22.1	8.8 / 1.9
フランス	7.4 / 1.7	73.2	16.5	1.3

セクシャリティ

一方で実際の性体験率でみると，むしろ，ほかの先進諸国よりも「オクテ」である。しかし，この点に関して，若者の動向は急速に変化しており，データが発表された時点で，現実はさらに先を行っているという現状がある。

成人愛着理論

　近年，青年期以降の恋愛関係と乳幼児期の母子関係が多くの点で類似していることが指摘され，恋愛における個人差を愛着（アタッチメント）理論の枠組みを用いて理解しようとする動きがある。幼少期からの中枢的な人間関係，とくに母子関係をとおして，「他者は自分をどの程度受容してくれるか」「他者は自分の要求にどの程度応えてくれるか」を私たちは学習する。そこで学んだ他者に対する基本的な見方考え方を土台として，その後さまざまな対人関係が織りなされ，その過程で修正や追加が施され，次第に複雑な内的作業モデル（インナー・ワーキング・モデル）が形成されていく。

　恋愛の対象としての異性に出会い，関係を育てていく際，この内的作業モデルが恋愛感情の持ち方や行動のあり方を規定する（表4-3）。安定型は他者への信頼感が高く，恋愛関係がうまく継続することを信じることができるが，回避型は他者を信頼しきれず，親密な恋愛関係に対して懐疑的な傾向がある。さらにアンビバレント（両価）型は他者を求める気持ちを強くもつが，他方どこかで不安を抱きやすく，心の中で葛藤を起こしやすい。そこで，相手に一目惚れしたり，逆に嫉妬や不信感を抱いたりする傾向がある（図4-9）。恋愛中のカップルを3年間追跡した調査では，安定型の男女の組合せは，ほかの型の人との組合せの場合より，

表4–3 **3つの愛着スタイル**（ヘイザンとシェイヴァー, 1987）

安定型 私は比較的容易に他者と親しくなれるし，人を頼ったり人から頼られたりすることも気楽にできる。自分が見捨てられるのではないかと心配することもないし，あまりに親しくしてくる人に対し不安を覚えることもない。

回避型 他者と親しくなることは，私には何となく重荷である。私は人を心から信頼したり頼りにしたりすることがなかなかできない。私は，誰かが必要以上に親しくしてきたり，恋人から私がちょうどよいと感じている以上に親しくなることを求められるとイライラしてしまう。

アンビバレント型 私は，他者がいやいや私と親しくしてくれているのではないかと思うことがある。恋人が本当は私を愛していないのではないか，私と一緒にいたくないのではないかと心配になることがしばしばある。私は，他者と完全に一体になりたいと思うが，それがときどき結果的に相手を遠ざけてしまうことになる。

上記3つのうち，回答者の感情をもっともよく表しているものを選択させる。

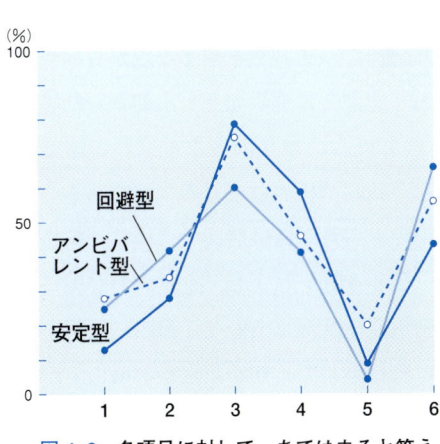

図 4–9　各項目に対して，あてはまると答えた人の割合
（ヘイザンとシェイヴァー, 1987 より作成）

1. 小説や映画に登場するような激しい愛は，現実生活にはない。
2. 恋愛の始まり期には激しい愛があっても，長くは続かない。
3. 恋愛感情の強さは関係の進展に伴って変化するとしても，初期と同様の強い気持ちをもつことは可能である。
4. 恋愛をずっと維持することはできる。時がたてば，消えるというものではない。
5. 恋に落ちるのは難しくない。私は，しばしば恋の始まりを感じる。
6. 本当に愛することができる人を見つけることは，まれである。

安定的で満足のゆく関係をもっていたと報告されている（カークパトリックら，1994）。

結　婚

かつて，結婚はとにかく「すべきもの」とされていた。「人を好きになる」ことと「結婚」は切り離して考えられ，親が取り決めた相手と一度も顔を見ずに結婚式に臨むという「恋愛抜き結婚」も多かった。結婚は基本的に，家の存続・子孫繁栄のための制度であり，本人の感情や意志よりも，家の格式や財産などのほうが「よい結婚」の重要な要因と考えられていたのである。このような考えは，中世近世の欧米やアジアにもあった。やがて，結婚は個人的なことであり，個人が自己決定すべきものとの考え方が社会の中で位置づくにつれ，個人の結婚観や配偶者選択の仕方は大きく変化した。わが国で，恋愛結婚が見合い結婚を上回るようになったのは，1970年代近くになってからである。

最近では，「結婚抜きの恋愛」，つまりさまざまな点からみて結婚の障害がないのに，結婚と恋愛とは別次元とし当初から結婚を否定した恋愛も広がってきている。現在のところ，わが国では，結婚肯定派は約7割に達し，結婚消極派はむしろ少数である。同様のパターンはアジア諸国でみられ，西欧諸国では逆に，結婚積極派のほうが少数である（図4-10）。しかし，近年，わが国においては，結婚が個々人の価値観や状況にあわせて自由に選択するものへと変化していることに対応して，初婚年齢が次第に上がり，その結果，いわゆる「適齢期」神話が崩れ，婚姻率も低下してきている。この傾向はとくに，高学歴の女性の間で顕著である（図4-11）（9章参照）。結婚への外的な圧力が減少し，性モラルがゆ

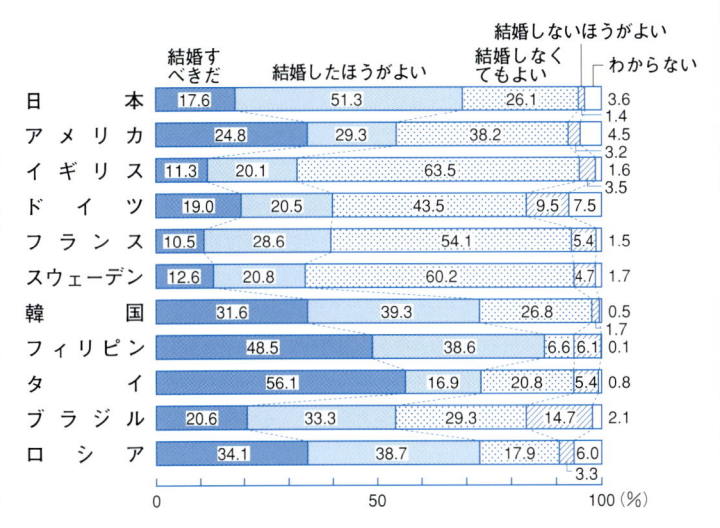

	結婚すべきだ	結婚したほうがよい	結婚しなくてもよい	結婚しないほうがよい	わからない
日　　本	17.6	51.3	26.1	1.4	3.6
アメリカ	24.8	29.3	38.2	3.2	4.5
イギリス	11.3	20.1	63.5	3.5	1.6
ド イ ツ	19.0	20.5	43.5	9.5	7.5
フランス	10.5	28.6	54.1	5.4	1.5
スウェーデン	12.6	20.8	60.2	4.7	1.7
韓　　国	31.6	39.3	26.8	1.7	0.5
フィリピン	48.5	38.6	6.6	6.1	0.1
タ　　イ	56.1	16.9	20.8	5.4	0.8
ブラジル	20.6	33.3	29.3	14.7	2.1
ロ シ ア	34.1	38.7	17.9	6.0	3.3

図 4–10　**結婚観の国際比較**（総務庁第6回世界青年意識調査報告書，1998）

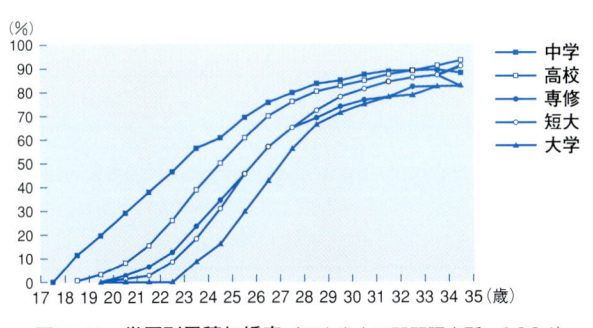

図 4–11　**学歴別累積初婚率**（厚生省人口問題研究所，1994）

結　婚　67

るやかになり，恋愛やセクシャリティが結婚という枠組みの中に収束しなくなるにつれ，結婚という制度やあり方，意義が改めて模索されているのかもしれない。

参考図書
10代の性とこころ　清水弘司（著）　1995　サイエンス社
　青年期の性について，さまざまな点から解説した入門書。
恋ごころの科学　松井　豊（著）　1993　サイエンス社
　恋愛心理学のベストセラー。

性と性役割

5

　人間には男性と女性という2つの性があり、生まれつき各々固有の特徴をもって存在し、それに対応して社会の中で得意とする仕事や分担する任務が決まっている、と私たちはふだん考えている。たとえば、国際紛争の調停など広い視野と冷静な判断力を必要とする仕事は男性が、お茶を入れ人をなごませるようなことは細やかでよく気がつく女性がふさわしい、という具合である。性的に成熟し、身体的に男／女に変貌する青年期には、行動様式や生き方に関わる側面でも、男らしく／女らしくあるよう求められる。

　だが、そもそも「男らしさ」「女らしさ」とは何だろう。ここではそのからくりを考えてみよう。

　　人は女に生まれない。女になるのだ。
　　——シモーヌ・ド・ボーヴォワール

●原　罪
（ヒューホ・ヴァン・デル・グース）

性と性役割(ジェンダー)

男女の違いについては,2つの側面すなわち遺伝的・生物学的な性(sex)と社会的な性(gender)を区別して考える必要がある。前者は生物学的な事実としての男性/女性をいい,性染色体,ホルモン,解剖学などの側面からとらえられるものである。一般には,男女はまったく重なりをもたない,2つの別集団であると理解されている(図5–1)。だが,実際には,事はもっと複雑である。そこで,社会的な性という考え方が必要になる。

ジェンダーとは,「生まれつき」ではなく,生まれてから後に決められた性である。人の誕生までの過程は私たちの想像を越えるほどに神秘的で複雑である(図5–2)。確率としては少ないが,何らかの要因が働き,遺伝的な性と解剖学的な性が一致しなかったり,中間的な特徴をもって生まれてくる人がいる。しかし,「中間」という性分類を設けることができないため,そのような場合,医師が慎重に判断し,男/女のいずれか一方の性を指定する。指定されたこの性のことを本来ジェンダーという。多くの人の場合,遺伝的解剖学的性と指定された性が一致している。

ジェンダーが決定した後は,その社会で男/女にふさわしいとされている型づけが始まる。たとえば,男の子には青い衣服と男性用の名前(たいてい,大きさや強さを表している)が,女の子にはピンクの衣服と女性用の名前(美しさや繊細さを表している)がまず与えられ,やがて玩具やことば遣い,奨励される行動などさまざまな事柄が男女で区別されていく。そのような一連の社会化・しつけの過程をつうじて,性同一性(私は男/女だという意識)(p. 86参照)と性役割(ジェンダー・ロールまたはジェンダー;男/女らしい特性・行動や態度)が形作られていくのである。

男　　　**女**

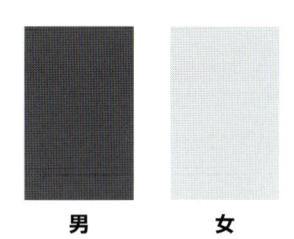

図 5–1　性別に対する一般的な考え方

一般に、女性と男性は、まったく別の集団であると考えられているようだ。一方は XX 染色体を、他方は XY 染色体をもち、一方は子どもを産み、他方は産まない。したがって、一方はそのための優しさを備え、他方はそれらを守るための力を備えている、という理解である。だが、性染色体によって決定される性と、能力や性格特性などの性役割は異なる。

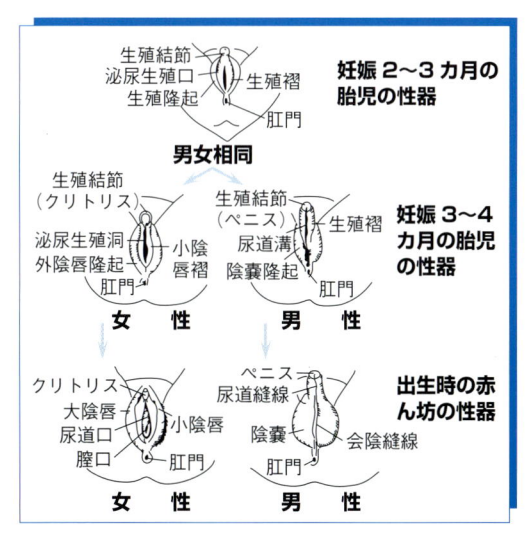

```
              生殖結節
              泌尿生殖口   生殖褶       妊娠 2〜3 カ月の
              生殖隆起                  胎児の性器
                        肛門
                  男女相同

  生殖結節              生殖結節
  （クリトリス）         （ペニス）   生殖褶     妊娠 3〜4
  泌尿生殖洞   小陰      尿道溝              カ月の胎児
  外陰唇隆起   唇褶      陰嚢隆起             の性器
            肛門                 肛門
     女 性                  男 性

     クリトリス             ペニス
                          尿道縫線             出生時の赤
     大陰唇                                   ん坊の性器
     尿道口   小陰唇       陰嚢     会陰縫線
     膣口    肛門                肛門
     女 性                  男 性
```

図 5–2　人間の胎児の外部生殖器の分化（マネーとエールハルト，1972）
外部生殖器の分化の 3 段階。女性器官も男性器官も初期は同じで、相同器官である。

性と性役割（ジェンダー）

性役割と社会化

　性決定過程に異変があった人の臨床研究報告は、ジェンダーを考える上で示唆に富む。胎児期に雄性ホルモンにさらされた赤ん坊で、遺伝上また内性器は女性、外性器の性ははっきりせず、医師によって「女性」と指定された人たちがいた。25組の追跡調査では、ふつうの女児よりも動きが活発でスカートよりもズボンを好む傾向があったが、「恋愛して結婚し、母親になる」ことにあこがれていた（エールハルトら，1969）。雄性ホルモンは攻撃性に関連していると考えられているが、彼女たちは攻撃的ではなかった。社会化によって、攻撃性は女らしくないこととされていたためだと考えられる（ブルックス=ガンら，1979）。

　遺伝的には男性である人が女性胎児環境におかれ、女性性器をもつことになり、「女性」指定を受けた。彼らは女性としての性同一性をもち、興味・行動は女性的であり、女児用玩具で遊び、成人後は専業主婦であることに満足していた、と報告されている（マネーら，1972）（表 5–1）。

　生後7カ月の一卵性双生児の男児がいた。そのうちの一人は、偶然おきた不幸な事故で、ペニスが破壊されてしまった。そこで、女性として性再指定を受け、名前から衣服、しつけに至るまで女の子用に変更された。4歳のころ、母親は双生児の他方（男児）と比較して「彼女」がいかにきれい好きで女らしくおしゃれ好きかを報告している。遺伝的には同じ性質をもつ一卵性の男児でありながら、実際「彼女」は母親の台所仕事を手伝い、他方の「彼」は車や工具に関心を示した（マネー，1972）。つまり、行動や関心において、社会化は生物学的要因を上回る影響力をもったのである（図 5–3）。

表5-1 遺伝・生物学的性とジェンダー（ストーラー，1968より抜粋）

遺伝的性	内性器	外性器	性指定	ジェンダー
女性	女性	中間的	男性	男性
女性	女性	中間的	女性	女性
女性	欠	女性	女性	女性
中間（XO）	欠	女性	女性	女性
中間（XXY）	女性	男性	男性	女性

社会・心理的な性であるジェンダーは，遺伝的あるいは生物学的な性とは必ずしも一致しない。

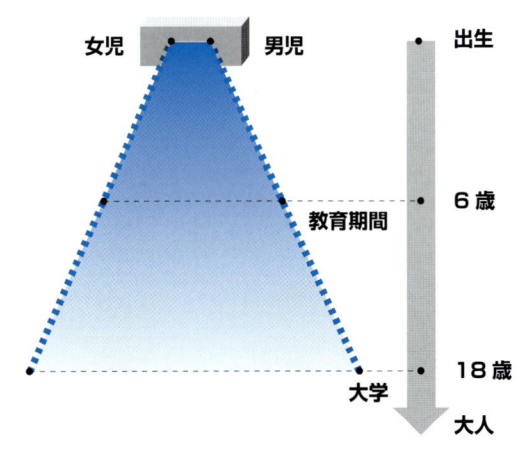

図5-3 性差と社会化

出生時，男児と女児にはあまり違いが認められない。しかし，社会化をとおしてそれぞれの性にふさわしいとされるさまざまな行動・思考様式を獲得していくにつれ，次第に男女の違いが広がっていく。

性役割と文化

　性役割が社会的要因により強い基盤をもつことは，異なる文化において男女がどのように生きているかを検討することで明らかになる。ミードによるニューギニアの3部族の調査は，社会・文化によって性役割が異なることを指摘したものとしてとくに名高い（表5-2）。男女とも「女性的」で温和なアラペッシュ，男女とも「男性的」で攻撃的なムンドグモール，そして私たちの感覚からすれば「男女があべこべ」のようで奇妙にさえ思えるチャンブリ，と3部族間では，男女の役割や性格が互いに異なっていたのである。

　性役割の内容は，時代によっても変化する。かつては男性の強い筋力を必要とした重い荷物を運ぶ作業が，現代のようにコンピュータのキー操作だけでできるならば，もはや男性だけの仕事である必要はなくなる。いくつかのスポーツ（例：マラソン）や職業（例：ジェット機パイロット）は女性には無理だとされていたが，進取の気風をもつ女性たちが挑戦し道を開き，今やごくあたりまえのこととして男女を問わず従事している（Topic）。身体的側面以外でも，「おしゃれな」「優しい」などは女性の特徴とされていたが，現代では男女どちらに対してもほめことばとして用いられる。さらに，「男は外，女は内」というパターンが崩れ，単身赴任や共働きが増加するなど人々の生き方に多様性が増すにつれ，「男子厨房に入らず」といっていては生活がなりたたなくなった。そうして，男性が料理や育児に関わり始めることによって，男らしさ・女らしさに対する考え方が修正されていく。男女に割り当てられている行動様式や特性は，その時代のあり方に対応して変化するものなのである。

表 5–2　ニューギニアの３部族の文化型と性格特徴（ミード，1935）

部族名	アラペッシュ	ムンドグモール	チャンブリ
居住地域	山地	河畔	湖畔
文化の全般的特徴	女性的。協同的。老若男女の差が少ない。	男性的。好戦的・攻撃的。かつては人食人種であった。	男女の役割が逆転。女性が生産活動に従事し、男性は芸術、祭祀に従事。
男女関係	相互依存的。性的欲求は互いに強くない。	相互攻撃的。性生活は互いに積極的。	女性上位。性的にも男性が従属的。
育児様式養育態度	父母とも育児に参加。寛大、溺愛的。子どもの成熟を刺激しない。	父母とも育児に無関心。拒否的、残酷。子どもの成熟を刺激する。	母親は授乳のみ。1歳からは父親が養育。女児のみ成熟を刺激される。
性格特徴	やさしく、受動的、温和、親切、協力的、家庭的。	傲慢、尊大、攻撃的、残酷、利己的、自己主張・所有欲が強い。	女性は攻撃的、支配的、快活、活発。男性は臆病、内気、依存的、感情的、無責任、陰険、疑い深く、劣等感が強い。

Topic　女性の職業進出

　男女雇用機会均等法の整備などにより，女性がこれまで就くことの少なかった職種に，どんどん女性が進出するようになってきている。それは，ジェット機のパイロットなど冷静さや決断力を要するものから，職業カメラマンや運輸業従事者など体力を要するものまで幅広い範囲に及んでいる。

　中には，ほんの十数年前まで，心理学の専門書の中で「体質や心理からみた女性に不向きな職業」として，あげられていたものもある（下欄）。各々理由が述べられているが，実際には比較的短期間で現状が変化したわけであるから，それらは生物学的な性にもとづくものではなかったことが判明する。性差の多くは，ジェンダーとして社会的に作りあげられたものなのである。

▶**体質や心理からみた女性に不向きな職業**（間宮，1979 より抜粋）
トップ管理職　女性は，人に対して好き嫌いをもち，特定の部下を過信したり，他の部下には仕事の能力を認めても，嫌いな人間ということで不信感をもったりする。また，男性に比べて直観力は鋭いが，創造力に乏しいので斬新なアイディアを打ち出しての企業経営は難しい。従って，企業経営方針に従って正確に職務執行の責任をとる部課長などの中間管理者や中間監督者としての才覚は男並みか，それ以上であり得ても，経営者などのようなトップ管理職には一般には不向きである。もし可能とするならば，企画力に富んだ男性の補佐役をもつ必要がある。

性と性役割（ジェンダー）

性役割

「らしさ」

役割（role；らしさ）とは，ある属性や地位をもつ個人に対して社会が課す態度や行動を適切な形で示すことが求められる，そのような役回りのことである。「子どもらしさ」「学生らしさ」などとならんで，「男らしさ」「女らしさ」という性に関する役割（性役割）があるのは，社会の構成員が「男とは」「女とは」このようなものという共通の信念・概念をもっているからである。互いに了解しあった規範＝「らしさ」にそって行動すればよいなら，どう振る舞うのが適切か迷わずにすみ，また相手の行動も理解・予測しやすくなり，人間関係が円滑に進行する。しかしそのようなメリットがある反面，「らしさ」は人を規制し，その枠に収まりきれない人に息苦しい思いをさせることにもなる。

「男らしさ」「女らしさ」の中身

では，今日，男らしさ女らしさとはそれぞれどのような特徴をいうのだろうか。フェミニズムの機運とともに1960年代後半から70年代にかけて活発に行われた多くの性役割研究によれば，男性性・女性性についての人々の考えにはかなり合意性がみられた。すなわち，活動性（積極性，活発さなど）や能力（知性，競争，勇敢，自信，指導性など）に関連する特性が男性役割として，暖かさ（やさしさ，謙遜など）や美（美しさ，芸術性など）に関連するものが女性役割としてみなされ（表5–3），時代や文化の違いを越えた一貫性が指摘された（ブローバヴァーマン，1972）。また，性役割の認識において，性差は認められず，男女の見解が異なるということはなかった。いいかえれば，性役割についての

表 5–3 日米の男性性と女性性
(米：ハイルブラン，1981；日：伊藤，1978)

アメリカ

男性性	女性性
積極的な	感謝の気持ちにあふれた
傲慢な	思いやりのある
自己主張的な	ないものねだりせず満足している
関白的な	協力的な
うぬぼれた	依存心の強い
自信のある	感情的な
冷笑的な	興奮しやすい
慎重な	自信がないがために何かを恐れている
支配的な	女性的な
野心的に新しい計画などに取り組む	移り気な
力強い	人を許す気持ちのある
先見の明のある	親し気な
率直な	真面目さに欠ける
ハンサムな	人のためになることをいとわない
頑固な	控え目な

日本

男性性	女性性
冒険心に富んだ	かわいい
たくましい	優雅な
大胆な	色気のある
指導力のある	献身的な
信念をもった	愛嬌のある
頼りがいのある	ことば遣いのていねいな
行動力のある	繊細な
自己主張のできる	従順な
意志の強い	静かな
決断力のある	おしゃれな

考え方はステレオタイプとして，あまねく人々に信奉されていることになる（Topic）。

また，心理性格的なものだけでなく，男女によって異なった行動パターンが想定されてもいる。「男は外，女は内」はその代表例であるが，その他，お弁当は誰が用意するかといったカップルの間で暗黙裡に求められる行動や，職業，組織での役割分担など日常生活のさまざまな場面に性役割行動は満ちあふれている。それらは基本的に，男性＝道具的役割（何かを成し遂げるなど，動的），女性＝表出的役割（相手を思いやるなど，静的）（パーソンズ，1949）に象徴されるような，相互に重なり合わない異種としての「性による二分法」に貫かれている。

性役割の受け止め方

性役割については，多くの人が同じような見方をしていることをすでに指摘した。ところが，実際に男女がそれぞれ自分をどのように考えているかを調べたところ，男（女）の自己概念は男（女）性ステレオタイプほど男（女）性的でなく，男女の自己概念は互いに類似していた（ボネットら，1959）。また，さまざまな観点から検討しても，性差はほとんどないかわずかである（伊藤，1988）。つまり，性役割ステレオタイプはイメージとしてかなり強固であるが，それにあてはまるような男女は実際にはあまりおらず，むしろ男女は多くの特徴を共通してもっていることが示唆される（図5–4）。

性役割ステレオタイプは，男女にそれぞれかくあるべしという性役割期待として機能する。他方，人にはそれぞれ自分が理想とする人間像というものがある。これまでの調査によれば，社会か

Topic 性役割ステレオタイプを調べる

　私たちは，性役割について多かれ少なかれステレオタイプ的な知識をもっており，それをもとに，社会の出来事や他者，自分を理解する傾向がある。次のドクター・スミス問題は，自分にもそのような傾向があることを調べるのにうってつけの問題である。

【ドクター・スミス問題】
　ドクター・スミスはコロラド州立病院に勤務する腕利きの外科医。仕事中は，常に冷静沈着，大胆かつ慎重で，州知事にも信頼されている。ドクター・スミスが夜勤をしていたある日，緊急外来の電話が鳴った。交通事故のケガ人を搬送するので，すぐ手術してほしいという。父親は即死，子どもは重体だと救急隊員は告げた。20分後，重体の子どもが病院に運び込まれてきた。その顔を見て，ドクター・スミスはあっと驚き，茫然自失となった。その子は，ドクター・スミスの息子だったのだ。

　さて，ここで問題。交通事故にあった父子とドクター・スミスの関係を答えなさい。

答は p. 88

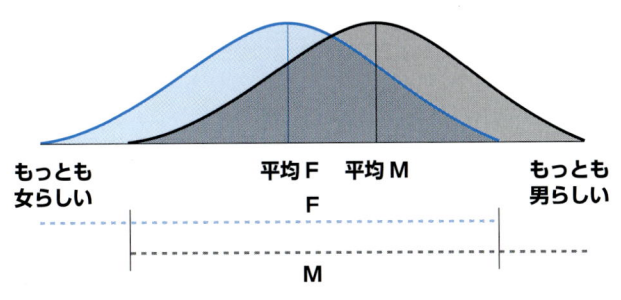

図 5–4　性役割に関連する特徴の重なり

男性性とされる特徴において，実際には多くの女性がそれを有している。逆に女性性とされる特徴を，多くの男性が有している。その特徴をもっとも強くもっているのが，ただ男性であったり，女性であったりするだけで，平均的な男性と平均的な女性を比較する場合にはそれほど大きくは異ならない場合も多々ある。またこの図は，ある男（女）性的特徴を，多くの男（女）性よりはよほど強くもっている女（男）性もいることを示している。

性役割

らの性役割期待と個人的な評価との関係には性差がみられる。男性では両者が比較的一致しており，社会一般が男はかくあれと期待し，自分でもそうありたいと思っているというように，あまり矛盾がない。ところが女性では，この両者の隔たりが大きく，社会一般は女に対してとくに女性的な特徴（例：従順さ）をもてと期待しているが，自分ではそれが望ましいものだとは思えない，というズレが大学生あたりで顕著になる（図5–5）。女性のほうが女という性を引き受けるのに葛藤が大きいのである。

小さいときから女の子は何よりもまずかわいらしくあれと育てられるが，大学生になってみると，社会では決断力や実行力，責任感などの男性性が高い評価を受けていることに気がつく。しかも大学で学ぶのは，女性の社会進出や男女共同参画に向けた理念と励ましである。そこで，女性も自立し男性と対等に仕事をしようとすると，女らしくない，かわいげがないと評価される。伝統的な女らしさを志向すると，社会人として未熟だという評価を受ける。こうした引き裂かれた状況の狭間で，女性は女性であるがゆえの難しい自己確立の課題に直面することになるのである。

女性が学業や仕事で輝かしい達成を成し遂げることは，男性のそれとは異なって，社会的に歓迎されないことなのではないか。ホーナー（1972）は，女性が男性を押しのけることは女らしさに欠け，人から嫌われるもとだと思ってしまっていることを指摘し，これを**成功恐怖**と名づけた。

近年，社会のありようや価値観が変化し，「男らしさ」「女らしさ」のかつての厳格な輪郭は薄れてきつつある。その反映か，女性が女性であることを受容する人々が年々増加しているが，男性が男性であることを受容する程度にはまだ及ばない（図5–6）。

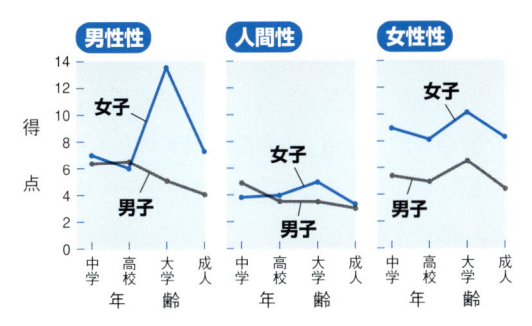

図 5-5 社会からの性役割期待と個人的評価のズレ
(伊藤・秋津, 1983)

"かわいい""従順な""おしゃれな"などの女性性に関して、女子では一貫してズレが大きい。すなわち、一般に女性にはこのような特徴をもつことが期待されているだろうが、私はそれらをもちたいとはあまり思わない、と考えているのである。他方、"指導力のある""行動力のある""頼りがいのある"などの男性性では、女子大学生で自分には重要だが、女性である自分に社会は期待していない、と考えている。

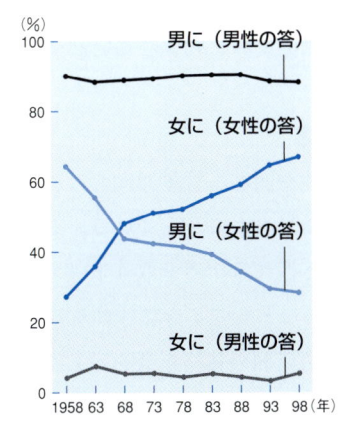

図 5-6 性の受容（生まれ変われるとすれば）
(朝日新聞, 2000 年 8 月 25 日)

性役割

統合的な人間を目指して

　社会の中に，強力な性役割ステレオタイプがあるとき，人々は多かれ少なかれそれに影響される。とくに青年期においては，異性が大きな関心の的となり，「異性に望まれるタイプ」の自分を演出しようとして，女性らしい女性と男性らしい男性を志向する傾向がある。だが，本当に女性らしい女性，男性らしい男性は望ましいのだろうか？

　ベム（1974）は，新しい時代により適応的に生きる人間のタイプとして，男性性と女性性の両方を兼ね備えた両性具有性（アンドロジニー）（図5–7）という概念を提案した。人は何かを目指して主体的に生き，同時に他者とともにありそれ自体を楽しむ。何か事を成し遂げるにしても，野心を燃やし他者を競争相手と見なすだけでなく，他者を協同相手として信頼し思いやることが必要な場合もある。どちらか一方だけの人生は長期的にみれば行き詰まり，時や状況に応じて柔軟な行動をとれるほうが適応的である。いくつかの研究はこれを裏づけている（ジョゼら，1988）。

性役割と身体

　性役割は性格特性や関心・行動傾向だけに留まらず，人が生きることのさまざまなレベルに及んでいる。ここでは，男女それぞれに，性に適切とされる体型を取り上げてみる。青年期は身体的魅力の重要性がもっとも強く意識される時期だからである。

　図5–8は，過去40年間の体格指数を示したものである。男性は20代から50代まで一様に体格指数が上昇してきた。他方，女性は，男性同様に上昇しているのは50代だけで，とくに20代の女性の下降が著しい。つまり，若い女性だけは「やせぎみ」の方向

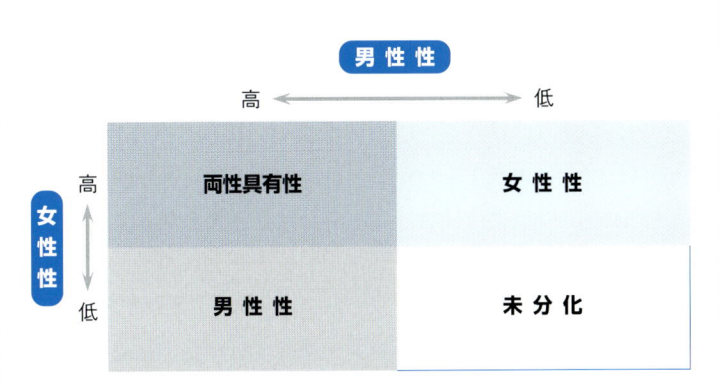

図 5–7 両性具有性

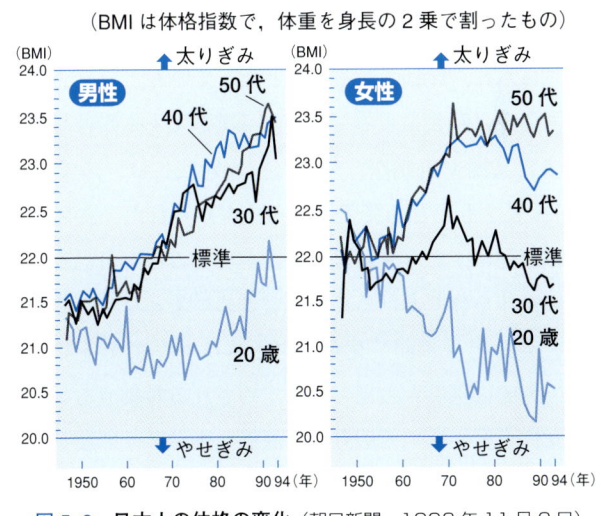

図 5–8 **日本人の体格の変化**（朝日新聞，1996 年 11 月 3 日）

性役割と身体

に進んでいるのである。

　食物が豊富で大多数の人々がより太る方向へ進んでいる社会・時代にあって，病気以外の原因でやせるのは，意図的に食物を取らない，つまり「ダイエット」しかない。20代の女性の「やせ」傾向は，すでに中学生くらいから始まるダイエット行動によって生じており，背景には「スリム」な女性を理想とする文化の影響がある。

　贅肉のないスリムな身体を女性が求めるのは，けっして健康のためではない。みんなが「美」とし高い価値をおく身体をもつことによって，その所有者である自己の価値を高めるためであり，細いと「注目される」「異性にもてる」（菅原と馬場，1998）と考えるからである。実際には，行き過ぎた「ダイエット」が不健康や食行動異常（9章参照）をもたらすケースもしばしばある。つまり，若い女性にとって身体は自分のものでありながら，同時に他者にさらされ，評価されるものとなっている。

　文化あるいは時代によって，何が「美」であるかは異なる。かつて，まだ貧困や飢餓が一般的だった時代には，ふくよかさは「豊穣」を表すものとして美しいとあがめられた。食糧が豊富な時代では，逆に，ともすれば太りがちのところを自己制御によって，細い身体を作りあげることが賞賛の対象となる。最近，わが国では，若い男性の間で化粧やダイエットが広まってきている。女性が一方的に男性から見られ品定めされる対象であった時代が過ぎ，女性も男性を美的観点から評価し選ぶようになった。それによって，男性も自分の身体に注がれる異性の視線を意識し始めたのである。この点においても，男女の境界線が溶解してきている（図5–9）。

男も顔のお手入れ
化粧品各社、油取り紙など拡充

中高年の間でも

エスティローダーが八月に発売するのは、顔の余分な汗や油分を取り除く商品用を見込むという。全国の百貨店内で展開する「アラミス」コーナー七十カ所で「ラボ シリーズ サマーヒッツセット」（希望小売価格三千五百円）。専用ローション（百ミリリットル）、洗顔料（五十ミリリットル）、洗い流すタイプの顔用パック（五十ミリリットル）、油取り紙（七十枚）、専用コットン（十枚）の五つの商品が専用のポーチに入っている。出張の際や職場での利

マツモトキヨシの男性用化粧品コーナー

図5-9　男性も「お肌のお手入れ」の時代
（日本経済新聞朝刊，2000年7月11日）

性同一性障害

　自分は「男／女」だと思い，それにもとづいて実際に生が営まれているとき，性同一性が確立しているという。多くの人の場合，自分が一方の性であることはごく自然で当然のことと思われるだろう。だが，性同一性は，身体的要因と社会的心理的要因との絶妙な統合の上に成り立つものなのである。

　実際，自分が身体的に間違った性に生まれたのであって本当はもう一方の性の人間だと信じ，自分の現在の性に強い違和感や嫌悪感を覚える場合がある。これを，性同一性障害という（Topic）。

　性同一性障害で，身体的性と社会的心理的性とが著しい不調和を示す場合，自分の身体に対して不適切感を抱き，恋愛感情の対象，性関係相手の選択，衣服や振舞い方などにおいて，自分自身の願うものと周囲から期待され「正常」だとされるものが一致せず，その板ばさみになって，身体的にも心理的にも本来もっているはずの正常な機能が果たせなくなり，生そのものが混乱したり苦痛に感じたりする。

　性同一性障害の原因はまだ明らかになっていないが，それまでの人生の過程で遭遇した染色体やホルモン（たとえば，母親の流産防止薬摂取）などの生物学的な要因，また社会化などの社会的心理的な要因などが複雑にからみあっている，といわれている。

　最近は，希望者には性転換や性の再指定の道が開かれるようになってきた。性転換には，2年以上にもわたる外科的な手術とホルモン治療が必要である。一度性転換をしてしまうと，ふたたび逆戻りすることはできないから，手術前には，異性の衣服をつけて暮らす期間などを設け，新たな性を獲得する意志の確認を慎重に行っている。

Topic 性同一性障害の診断と治療

　性同一性障害は，①反対の性に対する強く持続的な同一感，②自分の性に対する持続的な不快感や，その性の役割についての不適切感，③その障害が身体的半陰陽を伴ったものでない，④その障害が，臨床的に著しい苦痛，または社会的・職業的その他の重要な領域における機能障害をひきおこしている（DSM–IVより），場合にそれと診断される。青年および成人の場合，自分の第1次および第2次性徴から解放されたいという考えにとらわれ，また自分が誤った性に生まれたと信じるなどの症状で現れる。

　性転換，性の再指定は，さまざまな観点から慎重に行われる。性転換の外科手術としては，まず既存の生殖器を除去し，次にほかの身体部分の組織を利用して，新たな「生殖器」を人工的に作る。しかし，外科手術以外に，ホルモン治療や，氏名の変更，さらに心理的適応援助のためのカウンセリングなど，さまざまな側面からの援助が必要である。

　わが国では1998年10月に，国内初の正当な医療としての性転換手術が行われ，話題をよんだ。

（写真：Harry Benjamin，1997より）

図5–10　男性から女性へ
性同一性障害だった24歳の男性は，性転換後女性として再出発した。

◎◎◎ 参考図書

性別役割——その形成と発達　ブルックス=ガン・マチュズ（著）
　　遠藤由美（訳）　1982　家政教育社
　　性とジェンダーを理解するのに格好の書。
ジェンダーの心理学　青野篤子・森永康子・土肥伊都子（著）　ミネルヴァ書房　1999
　　女性心理学によるジェンダー心理学のわかりやすい概論書。
発達心理学とフェミニズム　柏木惠子・高橋惠子（編著）　ミネルヴァ書房　1995
　　ジェンダーについてより本格的に勉強したい人に最適な書。

＊ p. 79 Topicの問題の答：ドクター・スミスは女性，父子は夫と息子。

自 己

6

　青年期，多くの者は急に自分自身に注意・関心を向け，自分にこだわりをもつようになる。そして，自分はどんな人間かを知りたいという欲求にかられる。青年期の自己理解は，子どもや大人のそれと何か違いがあるのだろうか？　青年の自己理解において，何が重要な側面とされるのだろうか？　あるいは，自分を積極的に作っているようにみえる人とそうでない人は何が違うのだろうか？　本章では，青年の自己について考えてみる。

●**仮面に囲まれた自画像**
（ジェームズ・アンソール）

自分を理解する

自己へのめざめ

　青年期は第2の誕生の時期といわれる。第1の誕生とは，身体が母体から分離する，いわゆる生物としての誕生である。これに対して，第2の誕生は，心理的離乳を達成しようとし始めることである。養育者に全面的に依存していたそれまでの状態を離脱して，将来大人として自立を達成するための動きを始める。そのためには自分自身を知り，受け入れる必要がある。第2の誕生は，自分はどのような特徴をもった人間か，自分は何のために生きるかなどの疑問を抱き，自己にめざめることでもある。

青年期の自己理解

　自己理解はすでに幼いころからそれなりに始まっているが，青年期において，自己理解は著しく発達し，豊かな色彩をもった精密なものになる。ピアジェが示唆するように，子どもの思考は具体的であり，「あのとき，こうした」「○○をもっている」などと自己を具体的なレベルでとらえる傾向がある。

　だが，青年期には認知的能力が発達し，「私は他人の気持ちがわかる人間だ」などと抽象的な意味レベルで自己をとらえることができる。また，家庭とその周囲に限られていた子どもの世界は，青年期にはより広範なものへと広がり，多様な文脈や人間関係の中で生きることになる。それに伴い，そこでいろいろな自分を発見する。青年期の自己理解は子どものそれに比べて，① より複雑で分化した理解，② 自己内矛盾を含み，③ 統合への動き，など一言でいうなら「表層から深みへ」という特徴をもつ（表6-1）。

表 6–1　青年期の自己理解の特徴

より抽象的	特性など抽象的レベルでとらえることができるようになる。
複雑で分化した理解	内省力が増大し，状況や社会的文脈ごとの自分を理解できる。たとえば，学校にいるときの自分はこう，家庭での自分はこうというように，役割に対応した理解ができる。
自己内矛盾を含む	分化した理解の結果，しばしば自己内の矛盾に気づく。たとえば，外では内気であるが，親しい人といるときは自己主張をする，という逆の特性をもっていることを知る。とくに，青年期前期にみられる特徴であるが，やがて統合を志向するようになる。
揺れ動きやすい	自己内にさまざまな，時に相いれない特徴があることに気づいていても，なぜ自分が急に快活になったり，沈み込んだりするのかは理解できない。
統合への志向	とくに青年期後期には，自我同一性確立への動きに伴って，複雑で分化した諸側面を，バラバラでなく統合的なものに構築しようとする。

自己価値の探求

自尊感情とは何か

自尊感情とは，自分に対する全般的評価である。人には，個々の側面でみると長所も短所もある。たとえば，勉強はあまりできないが，ひょうきんで人気者，このような自己理解には，学業についての自己評価，社会性についての自己評価が含まれているが，それらをまとめたとき，全体として自分を基本的によい人間だ，あるいは自分は価値のある人間だと認めることができれば，その人は自尊感情の高い人である。逆に，自分はとるに足りないだめな存在だと感じているなら，その人の自尊感情は低い。

一般に，自尊感情の高い人は達成意欲が高く，努力し，困難に出会っても容易に投げ出さず，また対人的にも他者と良好な関係を結ぶなど，社会生活のさまざまな領域で適応的であるといわれている（表6-2）。

自尊感情の中心的次元

自尊感情は幼児から老人まで広い年齢にわたって認められるが，それぞれの発達段階ごとに，中心となる領域は異なっている。青年期の自尊感情では，身体的特徴と仲間からの受容がとくに重要な意味をもつ。青年期の自尊感情は，自分の容姿・外見についての自己評価と密接な関係にある。中学生や高校生がたとえ校則などで禁じられている場合でも，服装や化粧や髪型に関心をもち，鏡をのぞき込み，金銭やエネルギーを注ぎたがるのは，「カッコいい」「気持ち悪い」「ださい」など自分の外見に対する同世代からの世評が，自尊感情に大きく影響するからである（5章参照）。大人になると，容姿・外見は，仕事や生き方など自尊感情を支え

表 6–2 自尊感情水準と主な特徴

特　　徴	自尊感情水準	
	高	低
【個人内】		
成功・失敗への態度	成功希求	失敗回避
成功への期待	高い	低い
学業達成への期待	高い	低い
困難障害遭遇	あきらめない	あきらめる
事への対処法	積極的対処	回避的対処
テスト不安	低い	高い
成功・失敗帰属	成功内的	失敗内的
自己概念	明確	不明確
情緒性	肯定的感情	否定的感情
顔面	眼光鋭，微笑	視線回避，声小
【対人的】		
ソシオメトリック被選択	多い	少ない
対人的緊張	低い	高い
【親の養育行動】		
養育パターン	柔軟	柔軟性を欠く
	子どもを尊重	子どもへの関心低い
両親の情緒性	安定	不安定
両親の自尊感情	高い	低い
両親の夫婦関係	良好	不良
両親による環境提供	物理的・情緒的・知的に豊か	物理的・情緒的・知的に貧しい

＊いずれも対比的に記述しているが，実際は相対的な特徴である。

るほかの多くの領域の一つにしかすぎなくなる。

自尊感情に対する他者の影響

　自尊感情は自分に対して自分自身が下す評価である。といっても，一人で自分を見つめじっと考え続けるわけではない。青年期の自尊感情に大きな影響をもつのは，親子関係と仲間関係である。児童期後期から思春期にかけては親子関係のほうが，青年期後期は仲間関係のほうがより重要であるが，要は，親や仲間から信頼され受容されている者のほうが自尊感情が高い。かつては，親のよい養育によって子どもの高い自尊感情が作られると考えられていた。だが，それは相関研究から見出された関係であって，けっして因果関係を示すものではない。たとえば，一定の制限つきで自由を与えている家庭の子どもは，自尊感情が高い傾向にある。だが，自由を与えたから自尊感情が高いのか，それとも自尊感情が高く自己制御がうまくできる子どもだから親が自由を与えているのかは，わからない。いずれにせよ，自尊感情は周囲の人々との関係のあり方と無関係ではない。

　自尊感情発達に関する研究は，青年期に自尊感情が低下することを報告している（図6–1）。これは，より内省的になって自己内に矛盾や混乱が生じるためだとも，理想が高く現実の自己が相対的に満足できないものと思われるためだとも，あるいは認知能力の発達により，自分が他者にどのようにみえているかを理解し他者からの評価に気づくためだともいわれている。大人からみると，多くの可能性を秘め，体力にも気力にも恵まれているはずの青年期は，当の本人たちにとって，自信にあふれた幸福な一時であるとは必ずしもいいがたい側面があるようである。

【A】

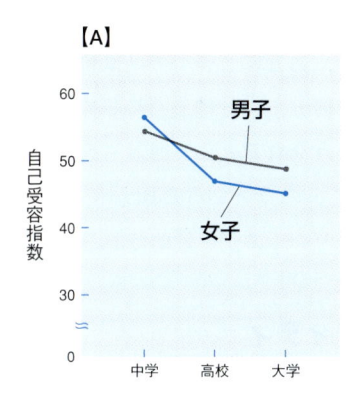

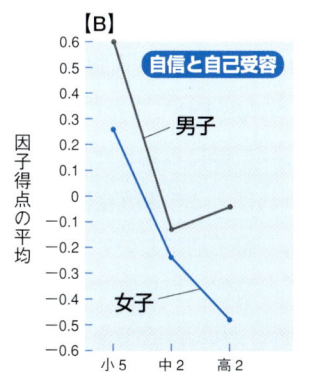

(グラフ:自己受容指数、中学・高校・大学、男子・女子)

【B】 自信と自己受容

(グラフ:因子得点の平均、小5・中2・高2、男子・女子)

図 6–1　自尊感情の発達的変化
（A：加藤，1977 より改変；B：梶田，1980 より作図）
2つの図はいずれも，青年期に徐々に自己に対する評価が下降することを示している。また，性差がみられ，一般に女子のほうが男子よりも自尊感情が低い。なお，ここでは，自尊感情を広く解釈し，"自己受容"や"自信"をも含めている。

自己価値の探求

青年期の自尊感情の低下は，自己価値への切望の逆説的な現れでもある。自己にめざめ，他者という自分とは異なる存在に気づく。他者と比較したり，憧れをもったり，反発したりしながら，自分のあるべき姿，自分にとっての「価値ある存在」のありようを思い描く。だが何分，自分はまだめざめたばかりで，経験の裏づけが乏しく，そうなれるという確証も自信もない。やがて成人になり，これでよいのだという経験が積み重なっていくにつれ，自尊感情が上昇していくのが一般的である。

アイデンティティ

エリクソンの考え方

　エリクソンは**アイデンティティ発達理論**を提唱し，青年心理学において，もっとも影響力のある人物とされている。「私は誰だろう」「何をするために生まれてきたのだろう」。朗らかな児童期を終えた青年は，しばしば自ら発したこのような問の前にたたずむ。エリクソンによれば，このような問こそ，青年発達の要であるという。すなわち，青年期においてもっとも重要な課題は，自分とは何者であるかの解答（自我同一性，アイデンティティ）をみつけることであり，これを達成できるかどうかが，次の段階以降の人生を健全に送ることができるかどうかに関わってくる（図6–2）。もし，自分が何者か，どのような適性や能力をもっているのかわからないまま混乱してしまえば，職業選択つまり何者として人生を送っていくかの決定も，配偶者選択つまり自分はどのような人とベスト・マッチかの決定も難しいからである。各発達段階にはそれぞれの課題があるが，青年期のそれはその後の人生の基盤形成に関わるとくに重要なものといえよう。

	1	2	3	4	5	6	7	8
老年期								統合性 対 絶望
壮年期							世代性 対 自己陶酔	
成人期						親密性 対 孤立		
思春期 青年期					同一性 対 同一性拡散			
学童期				勤勉性 対 劣等感				
児童期			自発性 対 罪悪感					
幼児期		自律性 対 恥・疑惑						
乳児期	信頼感 対 不信感							

図 6–2 人生の心理・社会的発達段階と危機
（エリクソン，1973）

アイデンティティ地位

　マーシャ（1980）は，アイデンティティ危機に対する解決の仕方に注目し，アイデンティティ発達を，拡散，早期完了，モラトリアム，達成の4つの**アイデンティティ地位**に分類した（表6–3；表6–4）。ここでいう危機とは，さまざまな選択肢の森の中で選択に迷っている時期のことである。最近では，危機のかわりに，「探検」ということばが用いられることもある。4つの地位を区分する1つの軸はこの危機の有無である。もう1つの軸は，関与の有無，つまり自分のすべきことを自覚的にやろうとし，エネルギーを投入しているかどうかである。

　アイデンティティ拡散は，マーシャによれば，危機の経験なく，いいかえれば，自分にとって意味のある選択肢の札をもたず，またはあきらめて，関与していない状態である。将来どの道を歩むかを決めていないだけでなく，関心ももっていない。生活は混乱し，過去・現在という時間と将来をつないでみとおす時間的展望性を欠き，精神的なその日暮し状態にある。

　早期完了は，危機を経験していないが，関与はある。これは親など大人の権威者が「君はこの道」と手渡したものをほとんどそのままわが道としてしまい，ほかの道もありうるということをあまり考えない状態である。関与するものをもっているので，一見したところアイデンティティ達成者とみまがうが，自分で積極的に「ほかではなく，これ」と選択したことではないので，通常とは異なる何かが生じると，対応できなくなる危険性がある。

　モラトリアムは危機の只中におり，関与はしていないかもしくは漠然としている。だが，拡散とは異なり，モラトリアムは達成への移行を強く志向し，道を模索している。

表6-3　4つのアイデンティティ地位（マーシャ，1980）

	アイデンティティ拡散	早期完了	モラトリアム	アイデンティティ達成
危機	あり／なし	過去になし	最中	過去にあり
関与	なし	あり	あるが漠然としている	あり

表6-4　アイデンティティ地位の例（小沢，1991）

地位	面接時のコメント	解説
アイデンティティ拡散	「どれが本当の自分かわからない。何をしてもぎこちない感じ。考え込む神経質なところをなくし、おおらかな気持ちをもちたい。でも、どうしたらいいかわからない」	葛藤の内容は、将来への展望でなく性格についての悩みである。性格的に神経質という面を気にしており、これは拡散状態の特徴の一つの「過剰な自意識」にあたる。
早期完了	「教師になろうと思う。TVドラマで教師に憧れたのがきっかけ。親も教師になってほしいと期待している。教師になること自体に悩んだことはない」	過去に、職業について悩んだことがなく、親の期待するものになろうとしている。
モラトリアム	「このまま来年卒業するのは、中途半端な感じ。本当にやりたいものはこの3年間でつかめなかった。卒業後は1年間の養護指導員の養成学校にいってそこで職業を探してみようと思う。もう1年猶予をもらう」	卒業後、1年間の猶予期間の延長を考えているが、その間に職業を探そうとしている。葛藤の内容は自分が本当にやりたいことは何かである。
アイデンティティ達成	「採用試験を受けたが、落ちてしまった。悔やしかった。1年間の期間採用をやりながら、来年も試験を受けるつもり、職業として、教師以外のものは考えていない」	試験の不合格という状況に対してもくじけずに、自分の目標をめざそうとしている。

そして、**達成**は危機を抜け、関与がある状態、つまりいくつかの道を検討して1つ選び取り、それをわが道だとすることによって、自分自身で危機を解決し、踏み出したところといえる。

アイデンティティの発達

アイデンティティは、一方向に直線的に発達するわけではない。また、**アイデンティティ発達**は青年期に突如始まって、数年で終了するわけでもなく、きわめて複雑な過程をたどるのがふつうである。最近、アイデンティティはいわゆるMAMA（モラトリアム―達成―モラトリアム―達成）サイクル（アーチャー、1989）にそって発達し、生涯繰り返すことになると考えられている。人生を歩み進む中で、人は個人的には結婚や子どもの誕生、また社会的には職場や地位の変化などによって、それまでとは異なった役割を担い、新たな態度や行動を求められるようになる。そこで、それぞれの段階に移行するたびに、それまでの自分の枠組みを変え、新たな能力・技能を磨き、周囲の世界との関係を適切なものに調整する必要に迫られる。それに応じて、アイデンティティは模索され、作り直されるのである（表6–5）。つまり、これまで考えられてきたのとは異なって、アイデンティティは一度達成されると以降安泰、というわけではけっしてない（マーシャ、1996）。

一般に、高校から大学卒業前後にかけて、アイデンティティは大きく変化する。アイデンティティの混乱者が減少し、逆に確立者が増加する。ただし、アイデンティティ全体が同じようにというわけでなく、現実に迫られ時期的な制約の大きい職業に関して相対的に早く確立する傾向があるが、たとえば政治的立場などの側面に関してはさらに後のこととなる。

表 6-5 ライフサイクルにおける 3 つの発達的危機期のプロセス
(岡本, 1985)

ライフステージ	乳・幼児期	青年期	中年期
I	■ **分化期** 自分でないもの(not me)の認識。自分の身体への気づき。	■ **身体の変化の認識** 第1次・第2次性徴の発現(子供の体から大人の体への変化)。	■ **身体感覚の変化の認識** 体力の衰え・体調の変化の認識。閉経。バイタリティの衰えの認識。
II	■ **練習期** 母親を情緒的ホームベースとして母子の物理的分離。自律感の増大。	■ **モラトリアム** 自分の役割の試み。社会の中への自分の位置づけの試み。将来展望の確立の試み。	■ **自分の再吟味と再方向づけへの模索** 自分の半生への問い直し。将来への再方向づけの試み。
III	■ **再接近期** 分離不安の増加。母親との親密さの欲求。 ↓ 母親との最適距離をつかむことによって解決。	■ **自分と対象との関係の変化** 親からの独立。社会への位置づけと社会からの承認の獲得。能動的な活動が可能な適切な対象関係の獲得。	■ **軌道修正・軌道転換(自分と対象との関係の変化)** 子供の独立による親の自立。社会との関係、親や友人の死、役割喪失・対象喪失などの変化に対して、適応的な関係の再獲得。
IV	■ **個性の確立期** 最初の同一性の感覚を獲得。	■ **自我同一性の確立**	■ **自我同一性の再確立**

アイデンティティの模索——自分探しの時代

　小此木は1978年に『モラトリアム人間の時代』を著し，モラトリアムはもはや通過するものではなく，留まるもの，それ自体を目的とするものになっていることを指摘した（2章参照）。それから数十年たち，人々の生き方や価値観，人々を取り巻く社会のあり方はさらに加速度的に変化した。とくに，携帯電話や電子メールなどの普及が，若者をはじめとする人々の交流の仕方を大きく変えたことは注目に値する。それら通信手段の発達は互いに知らない者同士，ときには不特定多数と，時間をかけ手順を踏んで親交を深めていくという一連のプロセスを経ずに，交流することを可能にした（8章参照）。

　それは便利で人間関係を広げる反面，人の関わり方をそれまでとは根本的に異質なものにしてしまう側面をもっている。互いをよく知らない者同士の交流はあくまでも部分的接触であり，別人になりすますことさえも可能となる（バウマイスター，1998）。別人になれば，相手はこの私をそのような者として，反応を返してくる。そして，その時々に異なった自己を経験するゆえに，自分とは何者かが自分自身でもわからなくなって不確実感が増大する。それでもどこかに確固とした「本当の自分」があるのではないかと模索し始めるが，仮想世界にそのようなものは存在しない。

　安定した小さな社会の中で暮らしていた時代には，人々は，時に知りすぎるくらい相互によく知っており，したがってよくも悪くも自分が何者か疑問に思うことはほとんどなかった（Topic）。社会のあり方は人々の生き方を変えるだけでなく，まさに自己に対する態度や理解の仕方をも変えてしまう。社会の流動性が速度を増すにつれ，自己はますます混迷を深めていくに違いない。

Topic 自己定義過程

「自分は何者か」青年期に特徴的なこのような問は，職業選択や伴侶選択という重要な決定を控えて，自分は何者かを知り，適切な意思決定をし，人生を適応的に生きていくために必要である，といわれている（エリクソン）。

だが，バウマイスター（1987）は，このような問が実は近代社会になってから誕生してきたと考えている。なぜなら，中世には，職業選択の自由など存在しなかったからである（1章参照）。中世においては，自分が何者かという問が仮にあったとしても，それへの解答はおそらく家系や性別といった自分に所与のものとして指定されている事柄が中心であった。だが，家系や性別は改めて問うまでもなく，自分自身にも他者の目にも自明であったから，「自分は何者か」という問が，解答のなかなか見つからない厄介な問題となることはなかった。

近年急速にコンピュータを媒介としたコミュニケーション様式が普及しているが，そこではそのつど「別人」になることが可能であり，「自分は何者か」という問は，これまでとはかなり異なった意味をもつものとなるであろう（図6–3）。

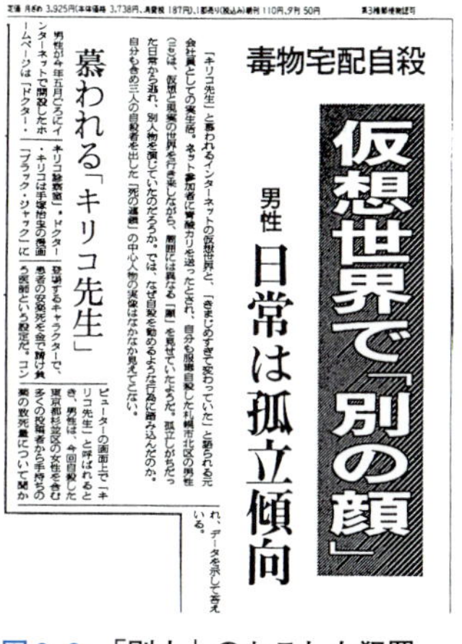
定価 月ぎめ 3,925円(本体価格 3,738円、消費税 187円)、1部売り(税込み)朝刊 110円、夕刊 50円　第3種郵便物認可

毒物宅配自殺

仮想世界で「別の顔」

男性 日常は孤立傾向

「キリコ先生」と慕われるインターネットの仮想世界と、「きまじめすぎて変わっていた」と語られる元会社員としての実生活。ネット参加者に青酸カリを送ったとされ、自分も服毒自殺した札幌市北区の男性(27)は、仮想と現実の世界を行き来しながら、周囲には異なる「顔」を見せていたようだ。孤立しがちだった日常から逃れ、別人物を演じていたのだろうか。では、なぜ自殺を勧めるような行為に踏み込んだのか。自分も含め三人の自殺者を出した「死の連鎖」の中心人物の実像はなかなか見えてこない。

慕われる「キリコ先生」

男性が今年五月ごろにインターネットで開設したホームページは「ドクター・キリコ診察室」。ドクター・キリコは手塚治虫の漫画「ブラック・ジャック」に登場するキャラクターで、患者の安楽死を金で請け負う医師という設定だ。コンピューターの画面上で「キリコ先生」と呼ばれるとき、男性は、今回自殺した東京都杉並区の女性を含む多くの投稿者から手持ちの薬の致死量について聞かれ、データを示して答えている。

図6–3 「別人」のおこした犯罪
（朝日新聞朝刊，1998年12月27日）

◯◯◯ 参考図書

「空虚な自己」の時代――家族の空洞化「透明な存在」のわたし　影山任佐（著）　1999　NHKブックス　NHK出版

　対人関係の仮面性と自己の空洞化の関係をやさしく解説。

やさしさのゆくえ――現代青年論　栗原　彬（著）　1994　ちくま学芸文庫　筑摩書房

　社会のあり方とアイデンティティとの関係をわかりやすく解説した書。

将来を考える

7

　青年期は，さまざまな決定をする時期である。中世のように，生まれたときからすべてが決まっている時代には存在しなかった「選択の余地」「選択の自由」が，現代にはあるからである。しかし，逆に，選択の余地があるからこそ，人は迷う。何かを選ぶということはほかを捨てることでもあるから，決定には迷いがつきものである。青年は自分の前にある長いはずの道の第一歩を踏み出そうとして迷う。上げた片足を下ろすべき場所が見つからない。

　職業は経済的自立をもたらし生計の手段となると同時に，自分が何者であるかを支える中心的なものの一つであり，決定にあたってはさまざまな思いが交錯する。

●ベアタ・ベアトリクス
（ダンテ・ゲイブリエル・ロセッティ）

🌀 将来決定の先送り

　わが国では，高校教育は1970年代ごろから義務教育化したといわれ，大部分の人があたりまえのように高校へ進学するようになった。そのような状況においては，進学先決定は，「15の春を泣かせるな」という方針でなされる中学校教師の助言が威力を発揮する。現代では，コンピュータが過去の大量のデータにもとづき，かなり高い精度をもった受験予測をはじき出す。それはまた，受験に失敗したくない本人と親の願いにもかなっている。この段階で，自分の将来像を描きながら，進路決定をするケースは少ない。多くの場合，「進路決定」は「高校進学先決定」と完全に重なり合う。つまり，「どの学校へ行けるか」が最優先され，「どんな人として将来どのように生きたいか」の問題は高校へ行ってからゆっくり考えればよいこととして先送りにされる。

　では，高校ではどうか？　先にみたように（2章参照），年ごとに大学などへの進学率が高まるなか，ここでも「どの大学に入れるか」が大きな関心事となり，偏差値向上に向けてエネルギーの大半が注がれる。ゆっくり立ち止まって自分の将来に思いをめぐらせているようでは，ほかの受験生に追い抜かれてしまうと周囲の大人は言い，自分でもそうかなと思う。そして結局，「大学に入りさえすればゆっくりできるから，それから考えればいい」と，再度問題が先送りにされてしまう（図7–1）。

　将来を考える際，親は生き方のモデルとして，助言者として，そして期待をこめながら見守る者として，重要な役割を果たす。しかし，大変なスピードで変化していく社会では，その役割遂行はなかなか難しい。少子化傾向のもと，少ない子どもに手間とお金を投入し高い学歴を身につけさせ「りっぱに」育てることが，

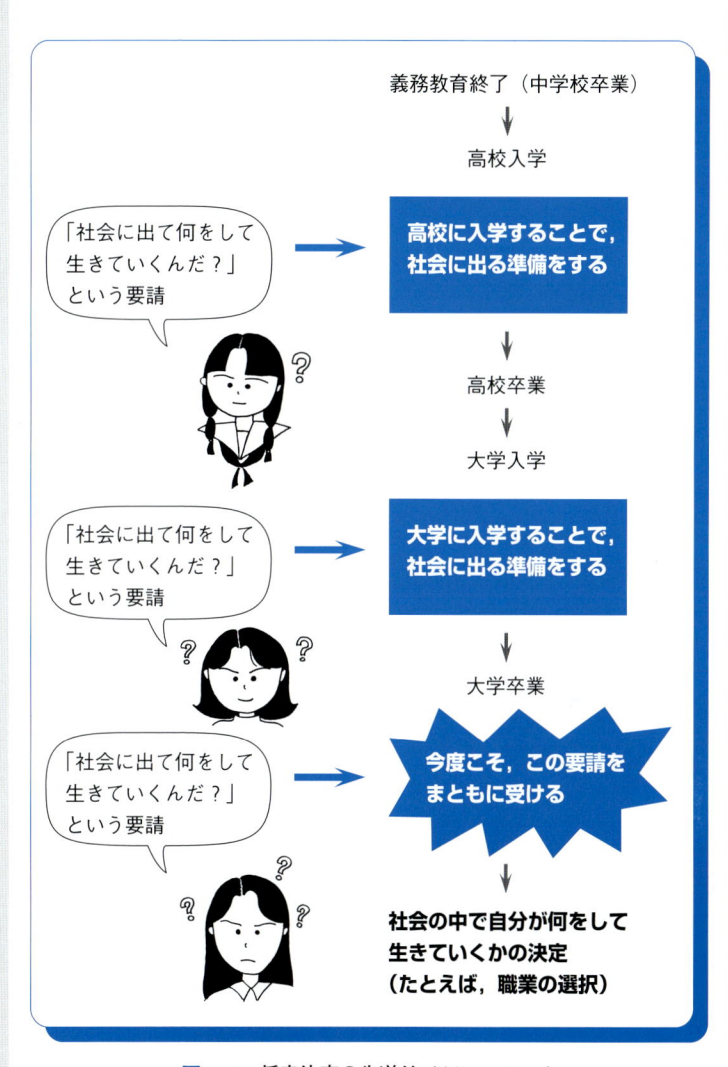

```
                                    義務教育終了（中学校卒業）
                                              ↓
                                           高校入学

「社会に出て何をして            高校に入学することで，
生きていくんだ？」    →        社会に出る準備をする
という要請

                                              ↓
                                           高校卒業
                                              ↓
                                           大学入学

「社会に出て何をして            大学に入学することで，
生きていくんだ？」    →        社会に出る準備をする
という要請

                                              ↓
                                           大学卒業

「社会に出て何をして            今度こそ，この要請を
生きていくんだ？」    →        まともに受ける
という要請
                                              ↓
                                    社会の中で自分が何をして
                                    生きていくかの決定
                                    （たとえば，職業の選択）
```

図 7-1　将来決定の先送り（小沢，1991）

進路決定は，進学先決定に置き換えられ，大学卒業近くまで先送りされる。

子育ての究極の目標となる。しかも，大学教育を受けられなかった人も多い親世代には，子どもを大学に送ることで，かつての自分の夢を実現したいという願望がある。よい大学へ子どもを送り込むと子どもの将来の選択肢が広がり，自分にあった道を選びやすくなるのではないかと考え，子どもが「どのような道を選び，どう生きるか」よりも「どこの大学に入るか」に，親の関心も向かいがちである。

そしてついに大学生になり，受験勉強からやっと解放され，先送りにしてきた問題に取り組む余裕がもてるようになる。だが，たいていは，それまでとは違って大人からの制約や規則の縛りが少ない大学生活の解放感を味わい，将来を決めるという課題はとかく後回しになりがちである。そして，高学年になって周囲で就職への動きが活発化するころ，ようやく進路決定を自分の問題として考え始める人が多い（図7–2）。

職業観

働く目的

少数の大金持ちを除いて，人は何らかの方法で生計を立てなければ生きていけない。現代では，多くの人の場合，それは就職という形をとる。時代とともに変化の兆しが出てきているとはいえ，日本型経営においては，一度就職すれば基本的には転職しない傾向があり，職業を通じてアイデンティティを形成するという側面もある。その意味で，何を職業として選択するかは，どのようにして糊口をしのぐかというだけでなく，人生をどう生きるかという問題とも密接に関わっている。図7–3は，世界各国の青年に働く目的をたずねたものである。いずれの国でも，「収入を得るこ

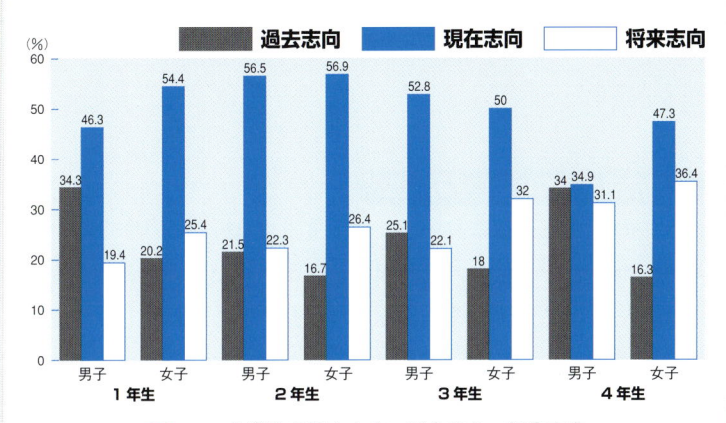

図7-2 大学生の過去志向，現在志向，将来志向
（山下，1996より改変）

大学2,3年生は現在志向型の学生が多いが，4年生になると将来に気持ちを向ける学生が増える。

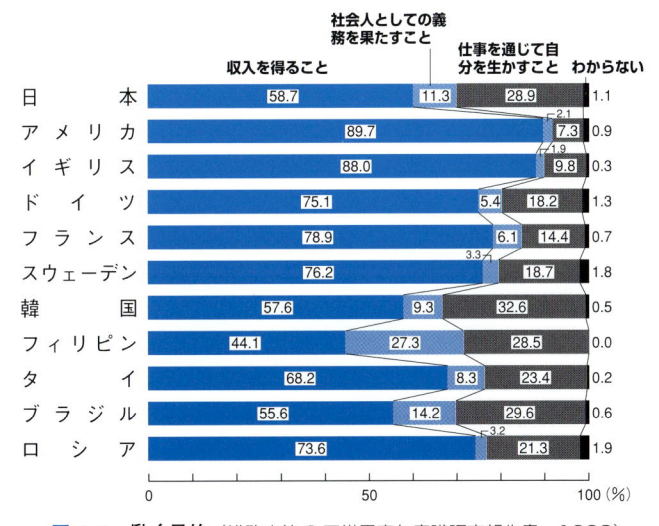

図7-3 働く目的（総務庁第6回世界青年意識調査報告書，1998）

と」を目的とする者がもっとも多い。また，日本では，韓国やブラジルなどとならんで，「仕事を通じて自分を生かすこと」をあげる人も多い。

就職先選択の際に重視するもの

学生は就職先選択において，何を重視するのだろうか？ 経済環境や世相，学生自身の価値観などさまざまな要因が就職先選択に関わってくるが，'79年と'89年の調査結果の比較から，就業観は「成長している」「社風がよい」などとともに，「休日が多く残業が少ない」が急上昇している（図7–4）。

かつては，一度就職した企業が生涯にわたって従業員のめんどうをみ，その代わり従業員は家族をあげて企業に奉仕する，という雇用形態が主流であった。そのような時代には，残業もいとわず，休日も企業運動会などの行事に家族そろって参加することが当然であるかのような合意が双方にあった。しかし，時代とともに，人々はすべてを会社に捧げるよりも，正規の勤務時間以外は自分の時間という考え方をとる傾向が強まってきており，個人生活重視傾向へと変化している。

偏差値型志望

次に，より具体的な志望先の決定にあたって働く要因についてみておこう。図7–5は，入社難易度を考慮する程度を調べたものである。先述したように，わが国では「行ける学校」に進んで，大学にたどり着く傾向があるが，就職の際にも同様の原理が働いているようである。つまり，企業の入社難易度と，自分はこのくらいだという自己評価の釣り合うところを志望するというパター

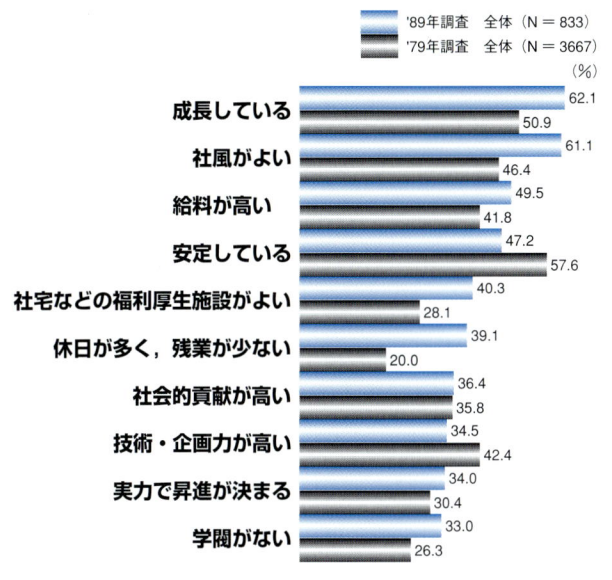

■ '89年調査 全体（N＝833）
■ '79年調査 全体（N＝3667）
(%)

項目	'89年	'79年
成長している	62.1	50.9
社風がよい	61.1	46.4
給料が高い	49.5	41.8
安定している	47.2	57.6
社宅などの福利厚生施設がよい	40.3	28.1
休日が多く，残業が少ない	39.1	20.0
社会的貢献が高い	36.4	35.8
技術・企画力が高い	34.5	42.4
実力で昇進が決まる	34.0	30.4
学閥がない	33.0	26.3

図 7–4　選社理由上位10
（リクルート・リサーチ，1989）

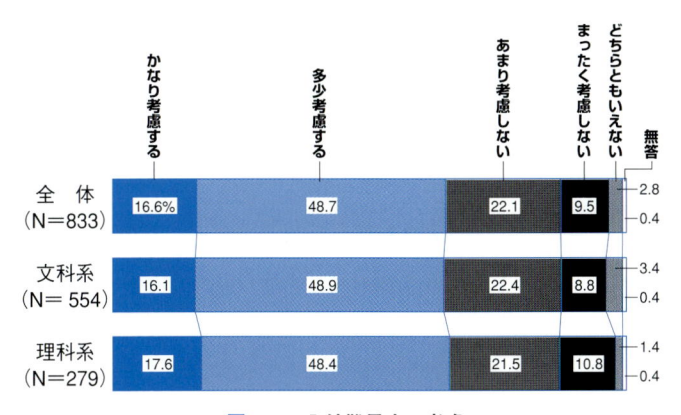

	かなり考慮する	多少考慮する	あまり考慮しない	まったく考慮しない	どちらともいえない	無答
全体 (N=833)	16.6%	48.7	22.1	9.5	2.8	0.4
文科系 (N=554)	16.1	48.9	22.4	8.8	3.4	0.4
理科系 (N=279)	17.6	48.4	21.5	10.8	1.4	0.4

図 7–5　入社難易度の考慮
（リクルート・リサーチ，1989）

職業観

ンである。いいかえれば，高校，大学，就職のすべてが，偏差値を基準とした「分相応」の原理に貫かれている傾向がある。学生は就職試験の合否を決めるものとして，「有名大学出身か否か」を第1の要因と考えている（図7–6）。実際，雇用側も大学ランクを基準とする傾向があるが，ある有名大企業が応募の履歴書用紙から出身学校名欄を削り取ったのは，個性的な人材を確保するためにはこのような風潮が障害となると判断したからである。

　自分が何を生業として，どのような人生を送りたいのか，あるいはどのような価値を人生の中で実現したいのかを考え抜き決定することは，青年期のもっとも重要な課題である（エリクソン，1959）。しかし，これまでみてきたように，偏差値を基準にした進路決定を多くの人が行っており，自分の願望や関心，適性などが後回しになっているとすれば，問題であろう。わが国の職場生活の満足度が各国の中でもかなり低い（図7–7）のは，そのような決定の仕方が1つの要因として影響しているかもしれない。多くの人が満足を感じることなく働いているとすれば，それは当然働く意欲に影響し，本人たちにとって幸せな状態ではないだろうし，また社会全体の生産性にとっても負の要因になり得る。

フリーター

　現在，大学卒業者の約3割程度がフリーターだといわれている。かつて，フリーターは高度成長期のあまりにも余裕のない生き方に対する一つのアンチテーゼとして登場してきた。それは，雇用者にとって雇用調整に便利なシステムであり，また一方で経済的な豊かさよりも個人の生活をより重視する働き方として，拘束を嫌う若者から支持されている。

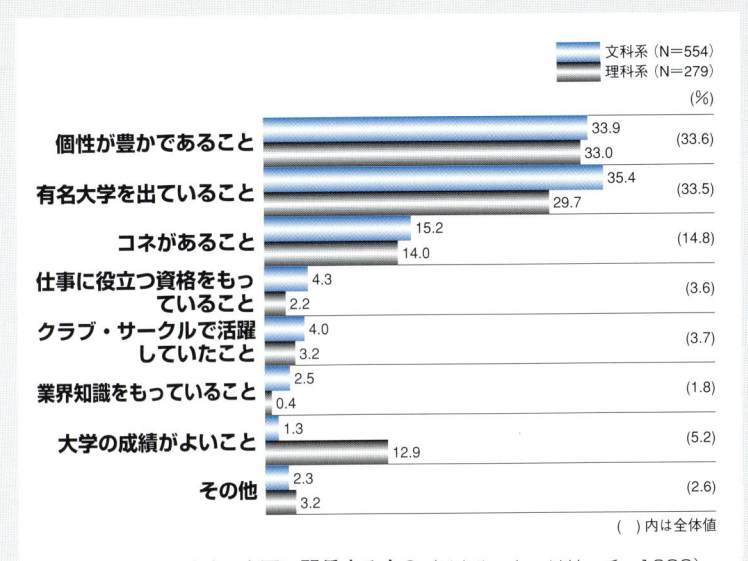

凡例: 文科系（N=554） / 理科系（N=279）

個性が豊かであること 33.9 / 33.0 （33.6）
有名大学を出ていること 35.4 / 29.7 （33.5）
コネがあること 15.2 / 14.0 （14.8）
仕事に役立つ資格をもっていること 4.3 / 2.2 （3.6）
クラブ・サークルで活躍していたこと 4.0 / 3.2 （3.7）
業界知識をもっていること 2.5 / 0.4 （1.8）
大学の成績がよいこと 1.3 / 12.9 （5.2）
その他 2.3 / 3.2 （2.6）

（　）内は全体値

図7-6　就職試験の合否に関係するもの（リクルート・リサーチ, 1989）

満足している ／ **不満である**

国	やや満足	満足	不満	やや不満
スウェーデン	37.1	52.5	2.1	7.5
ドイツ	33.1	55.8	3.7	5.0
タイ	19.0	69.3	0.4	11.3
フランス	31.4	53.0	5.1	9.8
ブラジル	69.9	13.9	0.9	14.5
アメリカ	33.6	49.6	7.3	8.7
イギリス	22.1	59.0	10.5	8.2
韓国	41.8	33.9	6.3	17.4
フィリピン	34.3	37.9	12.9	15.0
日本	37.8	32.6	7.4	19.1
ロシア	34.3	24.1	11.2	26.4

図7-7　職場生活への満足度
（総務庁第6回世界青年意識調査報告書, 1998）

職業観

転職

わが国では，転職はあまり肯定的に受け止められていないし，実際に転職する人の割合は多くない。転職がもっとも多いアメリカでは，転職を重ねることによって，キャリア・アップをはかり，自分にあった職場を見つけようとする。しかし，わが国では，年齢とともに上昇していく年功賃金制がとられ，若いときは自分の働きよりも安く働き，その分を中年以降になって「取り返す」仕組みになっている（図7–8）。そのため，中途退職は実際不利な傾向にある。

しかし，経済のグローバリゼーションが進行し，現在年功賃金制から能力・成績重視型へ切り替わりつつあり，第1の就職先でそのまま働き続けるというパターン以外に，将来はさまざまな働き方が登場し，転職についての考え方も変わるに違いない。

女性と職業と結婚と

性別役割分業

「男は外，女は内」。男性は生計を担い，女性は家事・育児を担当するという考えは伝統的性役割観とよばれ，いつの時代にも女性は一人で家庭責任を引き受けてきたかのように理解されていることが多い。しかし，近代社会成立以前には，ごく一部の支配者層を除いて，このような男女別役割分担はなかった。農業や家庭内手工業では，女性も生産に参加し，育児は働きながら手の空けられる者が合間をみて行うという労働・育児の両立が行われていた。大人全員が生産に従事しなければ生活は困難であり（1章参照），時には子どもをかごに入れたり木にくくりつけたりしながらも，とにかく働ける者は皆総出で働いたのである（図7–9）。

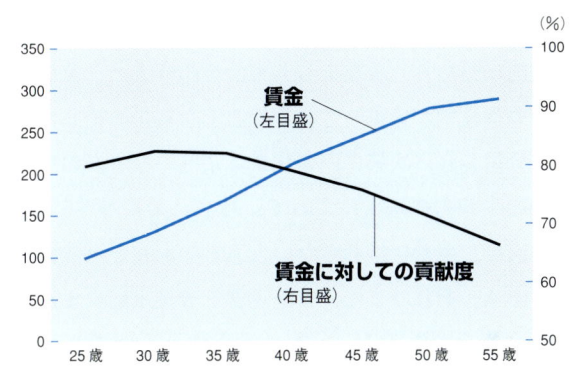

(備考) 1. 労働省「賃金構造基本統計調査」(1997年)、日本的雇用制度研究会「日本的雇用制度アンケート調査」(1994年)により作成。
2. 賃金は、企業規模1,000人以上の大卒、男性標準労働者の所定内給与額を指数化したもの。
3. 賃金に対しての貢献度は「賃金に見合うだけの貢献をしていない社員の割合」を100から引いたもの。

図7-8 **給与と貢献度との関係**（経済企画庁　平成10年版国民生活白書）
わが国の給与システムでは、30代後半までは、自分の働きに見合う給与賃金は支払われない。40代以降は、逆に、貢献以上の給与をもらえる。

図7-9　**アメリカでの子守器**
大人たちが、子どもを視野の片隅に入れながら仕事をするための道具。同じような発想のものは、世界各地にみられる。

女性と職業と結婚と

しかし，社会の近代化に伴って都市化が進行し，職場と家庭とが距離的に隔たり，職業をもち家計を担う人と，家事・育児の担当者という役割が分離せざるを得なくなった。そしてそれが男女の間で分担され，次第に固定化するようになったのである。また，社会の生産力の増大によって，社会に余裕が生じ，「専業主婦」＝「直接，生産に携わらない大人」の存在を可能にしたという側面もある。それはまた，家庭運営を専業主婦にまかせてもっぱら仕事に専念できる人（＝男性）を作り上げることになった。企業はそれによって，人材をフルに活用できるようになり，収益増大をはかるという仕組みができ上がっていったのである。

労働における女性

　現代に生きる女性は，人生を通じてどのように社会と関わっているだろうか？　図7-10は，各国の女性の労働力率を示している。横軸に年齢，縦軸に人口比の労働力率をとっているが，わが国のライン形状にみられるように，これは一般に **M字型曲線** とよばれている。すなわち，教育終了後，大部分の人が働く20代前半に1つの山ができ，30代で一度落ち込み，40代で再度もう1つの山が形成される。これは30代の育児期に職業から離れる人が多いためである。近年，育児期にも働き続ける人が増え，谷の落ち込みが浅くなってきているが，それでも育児期の労働市場からの撤退は他国に比べて多い。

　社会の価値観の変化や社会経済構造の変化などに伴い，より多くの女性が社会に進出するようになった。図7-11は，「男は仕事，女は家庭」という考えに対する青年の態度を示しているが，支持率が年を追うごとに低下してきていることが読みとれる。1997年

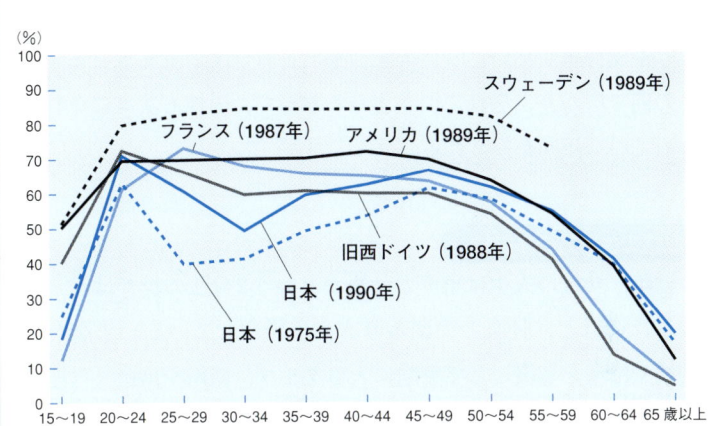

```
(%)
100
 90                        スウェーデン(1989年)
 80
 70         フランス(1987年)   アメリカ(1989年)
 60
 50
 40                           旧西ドイツ(1988年)
 30                日本(1990年)
 20        日本(1975年)
 10
  0
    15〜19 20〜24 25〜29 30〜34 35〜39 40〜44 45〜49 50〜54 55〜59 60〜64 65歳以上
```

(注) アメリカ，スウェーデンの区分のうち，「15〜19歳」の欄は，「16〜19歳」として取り扱っている。

資料：ILO "Year Book of Labour Statistics 1989–1990" および総務庁統計局「労働力調査」坂東眞理子編著「図でみる日本の女性データバンク」大蔵省印刷局 1992年

図7–10　女性の労働力率の国際比率
(日本婦人団体連合会編「婦人白書1992」)

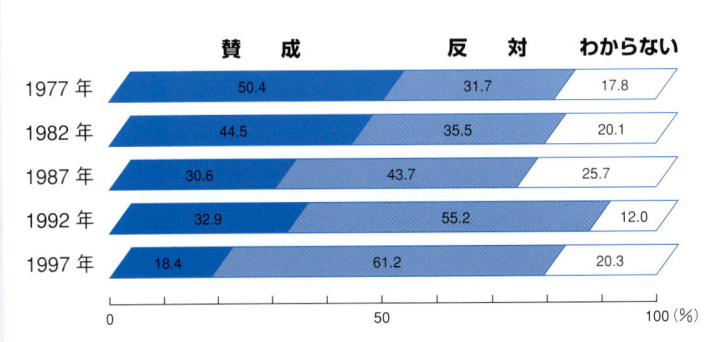

	賛成	反対	わからない
1977年	50.4	31.7	17.8
1982年	44.5	35.5	20.1
1987年	30.6	43.7	25.7
1992年	32.9	55.2	12.0
1997年	18.4	61.2	20.3

図7–11　「男は仕事，女は家庭」への態度
(総務庁第6回世界青年意識調査報告書，1998)

年ごとに，賛成者の減少がみられる。1997年の調査で，「賛成」する者は，男性21.5％，女性15.2％である。

女性と職業と結婚と

の調査では,「賛成」する者は全体の2割弱で,男性のほうが女性よりも支持率が高い。女性の社会進出を肯定する考え方はまず女性の間で広がり,それに引きずられる形で,男性も次第にそれを認めていく傾向がみられる。

女性の生き方の多様性

近年,女性の人生は家庭か仕事かという2分法の枠ではとらえきれないほど,社会との関わり方が多様化している。すなわち,結婚や出産を契機として家庭に入るタイプ,結婚や出産・育児を経験しても職業を継続するタイプ,育児期間終了後進路変更し新たな道をたどるタイプなど,さまざまである（表7–1）。現代の女性は,過去の女性に比べて,生き方の選択肢が多い。

しかしながら,選択肢の広がりは,女性が生きたいように生きられるようになったということでは必ずしもないようである。選択肢が増え,かえって,どのような生き方をしたいのか,あるいはどう生きるのが自分らしいのかを決めかねたり,本人の希望と実現予測とが乖離する場合もある。その背景には,少なくとも次の2点が関連していると考えられる。第1に,女性の意欲に対応するような社会的条件がまだ十分に整っていない。たとえば,生涯働き続けたいという希望をもっていても,子どもの保育を頼めるところがなかったり,あるいは職場の慣習として出産退職が暗黙のうちに押しつけられたりする場合,希望は実現されない。

第2に,女性自身の中に,異なる種類の願望があって統合されていない場合である。すなわち,一方で男女共同参画社会の理念のもと,女性の社会進出が奨励され,仕事に意義を見出す「キャリア女性」の生き方がファッショナブルなものとして,もてはや

表7–1 女性のさまざまなライフコース
(経済企画庁国民生活局, 1987)

ライフコース		理想とする割合（%）	実際になりそうであるとする割合（%）
タイプ1	結婚しない。仕事をもち続ける。	1.8	4.4
タイプ2	結婚し、出産しない。仕事をもち続ける。	2.3	2.4
タイプ3	結婚し出産する。仕事をもち続ける。	13.6	23.4
タイプ4	結婚し出産する。出産で仕事をやめる。	5.0	5.5
タイプ5	結婚し出産する。結婚で仕事をやめる。	5.3	11.0
タイプ6	結婚し出産する。出産で仕事を離れ、子どもが一定の年齢に達したらふたたび仕事につく。	23.4	14.4
タイプ7	結婚し出産する。結婚で仕事を離れ、子どもが一定の年齢に達したらふたたび仕事につく。	20.0	16.9
タイプ8	結婚し出産する。仕事につかない。	7.3	7.6

される。だが，他方，家族の大切さが叫ばれ，3歳までの育児の重要性が主張され，人格を作る親の役割が専門家たちによって強調される。そうした中で，当の女性自身の中に，「仕事に生きる女性」「よき母よき妻」の双方がとても大きな，同時にはできそうもない目標に思えてきて，どちらを選択すべきか葛藤がおきる。とくに，高学歴の女性で，この種の葛藤は大きく，大卒女性は他の学歴の女性に比べて，「フルタイム」「専業主婦」に二極化する傾向がある（図7–12）。

キャリア女性の道

1980年代後半くらいから，能力と意欲のある女性をそれなりに遇して働いてもらおうという趣旨で，従来の「一般職」とは異なる「総合職」という枠が大企業を中心に新たに設けられた。総合職の女性は，新しい時代の象徴として，自らも自信と自負をもち，社会や会社もそれを支援するかのようにみえた。

しかし，数年後急速に，注目度が低下した。一つには，経済が下降し，男性の失業率が取りざたされるような状況においては，女性は雇用調整に使われる傾向があるからである。もう一つは，男性並みの働き方は，生活の中で仕事を最優先させている限り可能であるが，同時に生活のほかの部分を圧迫する（図7–13）。残業，休日出勤，長期出張，転勤などをこなしながらの家事，出産・育児は，女性1人の個人的努力だけでは限界がある。結婚している場合，夫の側も雇用先からリストラされないよう，仕事を最優先せざるを得ない状況においては，生活にまつわる諸事をどのように解決するかが問題となる。第3に，女性が非常な努力を払うことで成功をおさめても，キャリア中期以降には，「ガラス

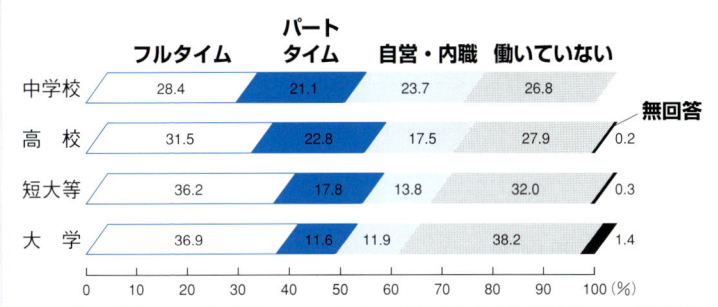

	フルタイム	パートタイム	自営・内職	働いていない	無回答
中学校	28.4	21.1	23.7	26.8	
高校	31.5	22.8	17.5	27.9	0.2
短大等	36.2	17.8	13.8	32.0	0.3
大学	36.9	11.6	11.9	38.2	1.4

注：「短大等」には短期大学のほか，高専，専修学校，各種学校等を含み，「大学」には旧制高校，大学院が含まれる。

資料出所：経済企画庁国民生活局編『平成6年度国民生活選好度調査』大蔵省印刷局，1995年，41ページ。

図7-12　女性の学歴別就業形態

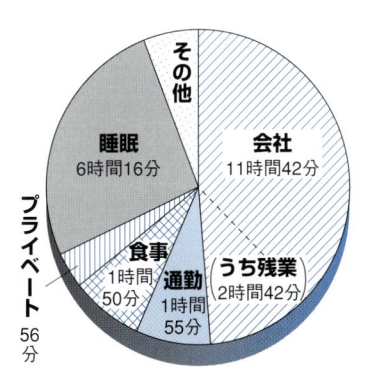

図7-13　総合職（営業）女性の平均的24時間
（読売新聞，1993年8月9日）

会社　11時間42分（うち残業 2時間42分）
睡眠　6時間16分
その他
食事　1時間50分
通勤　1時間55分
プライベート　56分

男性と同じ基幹部門で働く総合職女性は，睡眠時間すら十分にとれない現状にある。

女性と職業と結婚と

の天井」「見えない天井」という壁が立ちはだかっている，といわれている。つまり，男女雇用機会均等法などの法的措置では一応の平等が保証されているものの，女性が一定程度の昇進・昇格以上に進むのは困難，という現状がある。

◎◎◎◎ 参考図書

女性のためのライフサイクル心理学　岡本祐子・松下美知子（編）　1994　福村出版

　現代の女性の生涯発達をわかりやすく解説した良書。

高学歴時代の女性――女子大学からのメッセージ　利谷信義・湯沢雍彦・袖井孝子・篠塚英子（編）　1996　有斐閣選書　有斐閣

　女子大学生のおかれている現状と意識について，ていねいに分析している。

新・現代女性の意識と生活　神田道子・木村敬子・野口眞代（編著）　1992　NHKブックス　NHK出版

　現代の女性のおかれている現状と将来の方向を示した，女性必読の書。

人間関係

　子どもから青年へと成長するに伴い，世界は家族という限定的なものから，友人・仲間へと広がる。同世代の仲間・友人との関係は，青年の人格形成上きわめて重要なものである。だが，それは家族の重要性が低下するという意味ではない。青年は家族システムの一員であり，ほかのメンバーと相互に影響を及ぼし合う。そして，それはさらに，どのような友人関係をもつかということにも影響してくる。ここでは，青年期の人間関係について学ぶ。

●ムーラン・ド・ラ・ギャレットの舞踏会
（ピエール・オーギュスト・ルノワール）

家族と青年の関係

　長い間，**社会化**は直線的で一方的なものとして考えられてきた。子どもは，将来その社会を担うにふさわしい適応的な人間になるよう，親や教師を通して，その社会の価値，言語や振舞い方などの訓練・教えを受け，社会のメンバーに仕立てられる，というものである。

　しかし，近年，**相互社会化**という考え方が登場してきている。子どもや青年は，大人のイメージ通りに形作られる粘土のようなものではけっしてなく，親から社会化されると同時に，親を社会化している，という考え方である。たとえば，子どもが大学の授業で学んだことを，母親に熱を込めて伝える。そうしているうちに，母親は「学ぶ」ことのおもしろさに気づき，かつて途中放棄した語学の勉強を始め，ついには社会人入学をして「本格的学生」になる。このような場合，親は一方的に子どもを仕立てているというよりも，子どもの行動や関心のもち方によって，親が変わったといえる。つまり，社会化は当事者が相互に相手を考慮しながら，影響し合うという双方向的な側面をもつ。

　社会化の重要な担い手である家族は，それぞれが家族システム全体の構成員であり，同時に夫婦，父子，母子，兄弟などというそれぞれの下位システムの構成員でもある。下位システムはそれぞれの間で相互に影響を及ぼし合う（図8-1，図8-2）。

　家族内の相互関係が発達にどのように影響するかについては，古くはフロイトが論じている。だが，心理性的な説明をせず，幼少期の影響に限定しない点で，近年の理論は異なる。子どもが不登校になって夫婦が初めて相手と真剣に向き合い協力するようになったなどという話は，家族相互の影響関係を示している。

図8–1 青年と両親
青年と両親は家族システムの構成員として相互に影響を及ぼし合っている。

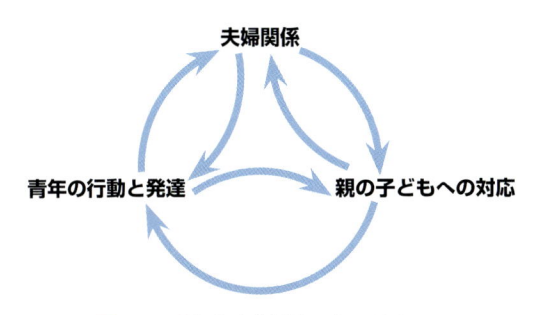

図8–2 青年と家族関係のシステム
(ベルスキー, 1981)

青年と両親は,全体として家族を構成している。同時に,両親は夫と妻として夫婦関係を,また父と子,母と子は親子関係を結んでいる。これまでは,親がもっぱら子どもの行動や心理を形作るかのように考えられてきた。しかし,家族を構成する人々は相互に影響を及ぼし合っている。

家族はこのようなシステムを生きており,「よい循環」にある場合は,家族の構成員は適応的に生きられる。しかし「悪い循環」が始まると,そこから抜け出すことはなかなか困難である。

子どもの成長と親の成長

青年がひきおこす変化

　青年期において，身体の変化（3章参照），論理的思考力の獲得，学校の仲間関係への関心，自立や理想志向などの変化を経験するが，これらは親子関係に葛藤をもたらす。母親と息子の間ではとくに，思春期スパートのころがもっとも葛藤が生じやすく，ストレスが高い（ヒルら，1985；図8-3）。青年が家族の会話や活動に参加したがらないなどの態度をとると，母親はそれまでの素直でかわいいわが子はどこへ行ってしまったのだろうと，不満に感じたりするわけである。母親は自分の身長を追い抜くのと並行して，今までよくみえていた子どもの心がみえなくなった，と感じたりもする。

　青年期は理想を追求しようとする傾向があり，「理想の親」の観点から，自分の親に対し厳しい評価を下す。そして，批判の目を向ける。だが，たいていの場合，これは現実的な批判ではなく，むしろ，自立への助走の第1段階として，あまりに密着している自分と親との間を広げ距離をおこうとする動きだと理解することができる。そのようなわが子の批判を受けて，親自身が人生を振り返り，自分を見直すということもおきる。

　子どもが青年期にさしかかったころ，親は中年期を迎えて，自分の身体が老化の兆候を示し始めたことに気づく。それはわが子の伸びゆく身体と対比されて一層強い印象をもたらすことになる。

親がひきおこす変化

　親の夫婦関係，職業，健康などがどのような状態にあるかは，さまざまな連鎖をとおして青年に大きな影響を及ぼす（図8-4）。

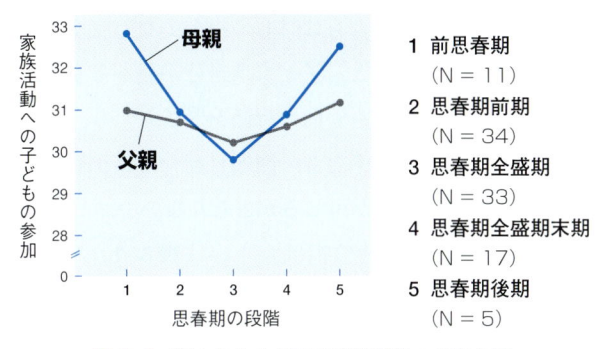

図 8–3 親からみた息子の家族活動への参加度
（ヒルら，1985）

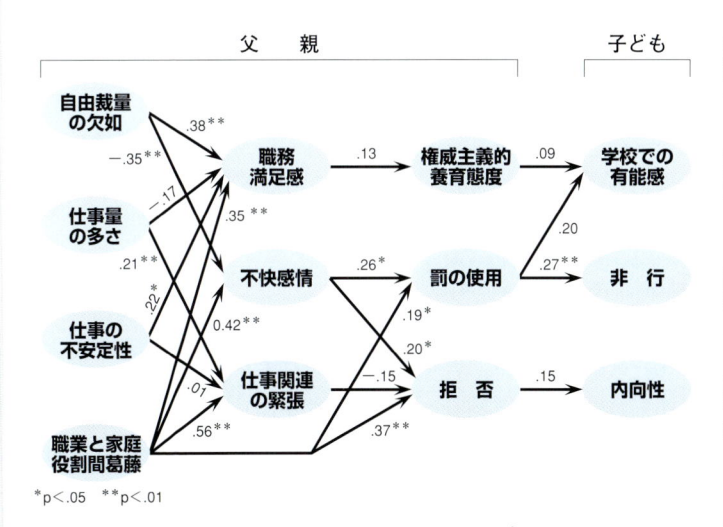

1 前思春期（N = 11）
2 思春期前期（N = 34）
3 思春期全盛期（N = 33）
4 思春期全盛期末期（N = 17）
5 思春期後期（N = 5）

*p<.05 **p<.01

図 8–4 父親の職業生活と家庭生活が子どもの発達へ影響する過程
（スチュワートとバルリン，1996）
数字は影響の強さを表す。

子どもの成長と親の成長

たとえば、父親が職業と家庭との間で強い葛藤を経験する場合、不快感情が強くなり、子どもに対して拒否的な態度や専制的な態度で接したりする。すると、子どもは自分が親から愛されていることを確信できず、子どもが問題行動をおこしたり、自信や意欲を失ったりする。また、子どもの問題行動やそれに対する夫の態度から夫婦間の間に葛藤が生じるかもしれない。

この時期、親の経済的負担は大きい（表8-1）。家族を支え、子どもを育てる者として、親は不況など社会・経済的な変動の中をくぐり抜け、家計の経済的問題を解決しなければならない。だが、それがうまくいかない場合、たとえば、子どもは親への経済的依存度を低減させ、自分の進学意思が本物かどうか考え直したり、あるいは経済的苦境の中で初めて経済や社会制度に関心が向くといったケースが出てくることもある。

いずれにしても、人生・社会にどのように親が関わっているかをみながら、青年は社会的事象への関心のもち方、仕事に対する姿勢、人間関係のもち方、家庭の営み方など実に多くを学ぶ。

社会文化・歴史的な変化

1950年代以降、都市化の進行に伴い、核家族世帯が増加し、少子化、高齢化が進み、人々の暮らし方は大きく変化した。祖父母世代との同居はもはや少なく、青年の発達・社会化に重要な影響力をもっていた老人の役割は後退した。そして、伝統的価値観や先人の知恵を若い世代に引き継ぐ文化の継承性は急速に弱まった。

また、移動性の高い都市に住む場合、自分を取り囲む人々がしばしば変化し、近隣の人、友人、親戚などと生涯変わらぬ安定的な交流を続けることはまれになった。時には、住所も学校も数回

表 8-1　大学生の生活費

(単位：千円)

		自宅		学寮		下宿など	
		国立	私立	国立	私立	国立	私立
収入	家庭からの給付	697.4	1,298.5	851.9	1,913.5	1,471.7	2,187.3
	奨学金	97.1	86.3	262.1	177.5	143.5	143.1
	アルバイト	364.8	431.9	265.9	180.0	313.0	315.7
	定職その他	19.6	15.0	5.3	77.9	24.5	22.6
	計	1,178.9	1,831.7	1,385.2	2,348.9	1,952.7	2,668.7
支出	授業料	398.8	775.8	336.7	789.9	399.9	830.3
	その他の学校納付金	5.2	223.1	3.8	311.7	4.1	250.7
	修学費	49.3	48.7	53.6	64.3	48.7	56.9
	課外活動費	50.1	50.9	52.0	64.8	48.6	49.8
	通学費	123.5	121.5	19.5	24.5	24.7	34.9
	小計（学費）	626.9	1,220.0	465.6	1,254.2	526.0	1,222.6
	食費	135.8	131.1	340.9	327.7	372.2	361.5
	住居・光熱費	9.3	5.3	119.2	281.9	563.3	576.8
	保健衛生費	33.9	40.1	35.4	37.7	38.0	41.3
	娯楽嗜好費	154.0	184.0	163.6	178.2	176.9	195.1
	その他の日常費	118.0	127.7	130.6	145.5	142.0	144.8
	小計（生活費）	451.0	488.2	789.7	971.0	1,292.4	1,319.5
	計	1,077.9	1,708.2	1,255.3	2,225.2	1,818.4	2,542.1

資料：文部省「学生生活調査」
(注)　1．調査対象：全国の大学，短大，大学院生 81,027 人（回収率 71.4%）。
　　　　調査時期：平成 8 年 11 月。
　　2．大学・昼間部学生の年間生活費等。
　　3．「修学費」は教科書，参考書，実習材料費など。

国公立／私立，下宿／自宅などによって多少異なるが，いずれにしても親の経済的負担は大きい。別の調査によれば，子ども 1 人あたり幼稚園から大学卒業までで約 1,000 万円～2,000 万円以上もかかる。

変わり，長期間にわたる友人関係を育てられぬまま青年期を過ごす人もいる。

人々が何かと忙しく変動の激しい現代において，子どものときから一貫して常に身近にいるのはテレビであり，また近年ではゲームである。子どもたちは，さまざまなスケジュールで細切れになった家庭での時間の大方を画面の前で過ごし，そこで得られる情報によって「新しくカッコいい」生き方暮らし方を学ぶ。それは，直接・具体的な人間関係の中で展開する社会化とは異なる別の社会化といえる。

家族ライフ・サイクル

現代社会では，人の生き方は多様である。親元に留まる人出てゆく人，結婚する人しない人，離婚する人しない人，人はさまざまな選択肢の中から自己決定し，自分の人生を築く可能性を手にした。今のところもっとも多くの人が選択する生き方は，生まれ育った家庭を青年期に巣立ち，やがて自分の新しい家族を形成していく，というライフ・サイクルである（表8-2）。

自立の困難性

親との絆を断ち切ることなく，自分が育った家庭を離れて，自立する。ここから，新しい次の家族ライフ・サイクルが始まる。そのためには，親と自分との間に適切な心理的距離をおくことが必要になる。しかし，近年の子育ては「少ない子どもをしっかり抱きかかえて」育てることから，親子が濃密な関係をいつまでももち続ける傾向にあり，いわゆる「親離れ」「子離れ」が双方にとってなかなかに難しい課題となっている。

表 8-2　家族ライフ・サイクル (サントロック，1998)

家族ライフ・サイクルの各段階	過　程	課題・変化
独身の若い大人	自己に対する情緒的・経済的責任を引き受ける。	● 生まれ育った家族から自己を分化させる。 ● 親密な仲間関係を発達させる。 ● 職業，経済的な独立。
結婚により家族を形成	新たなシステムに関与。	● 夫婦関係を構築する。 ● 血縁家族や友人との関係を伴侶を含めたものに再構築。
親になる・子どもを含めた家族	家族の新メンバーを受け入れる。	● 夫婦関係と親子関係の調整。 ● 育児，生計，家事を楽しむ。 ● 夫婦双方の生育家族全体の人間関係の中でうまくやる。
青年期の子どものいる家族	子どもの自立，親の老化を考慮しながら，柔軟システムを作る。	● 親子関係を，子どもの自由をある程度認めたものに調整。 ● 夫婦関係や職業のことを人生中盤で再考。 ● 親の世話への2人の協力を開始。
中年家族	家族システムからの退出・参入を受け入れる。	● 結婚を二者関係として再度作り変える。 ● 親子関係を大人同士の関係に発展させる。 ● 息子・娘の伴侶や孫を含めた人間関係を作る。 ● 親の老いや死に対応。
晩年の家族	世代交代を受け入れる。	● 身体的衰えに直面しながらも，自分で気力や行動の自立を維持。 ● 家族の中心となっている息子・娘を応援する。 ● 伴侶，兄弟，友人の死への対応と，自分の死への準備。人生の回顧と総括。

一方で親，とくに母親は，「よい子」を育て上げることで「よい母親」として高い評価を受ける風潮があり，親は子育てを生き甲斐とし，比較的年齢の高い子どもに対してもあれこれ統制しようとする。他方，子どもも，小さいときからずっと自分で判断し自分で責任を引き受ける訓練を受けてきていないから，自分1人でやっていくことに対して自信がもてず，金銭から洗濯まで親の世話になっていたほうが楽だと感じて，自立への欲求が希薄になりがちである。世話をしたい側とされたい側の双方の欲求がいつまでもぴったりとかみ合っていると，自立は遅れる傾向にある（Topic）。

自　立

　自らの財政的，職業的，情緒的基盤を築き，自己を構築していくことが自立である。むろん，ある日突然すべての面で「自立」するということはあり得ない。徐々に，そしてある面はほかの面より早く自立に向かい，ほかの面は遅れて到達する。

　精神的自立に関しては，身辺の雑事からどのような人間になるかの決定まで，親に依存し庇護の中に留まるのでなく，また親の期待通りの人間になることを目指すのでもなく，かといってことごとく親の意向に反発するのでもなしに，親と若い大人になりつつある青年とが互いに相手を認めあい，かつ親密な関係を保ち続けることができるようになることである。

　一般的にいって，大学入学は自立を促進し，大学生活はそれをさらに前進させる。新入生はまだ親への依存性がかなり高いが，上級生になると低減する。また，ある研究によれば（ホルムベックら，1995），自宅生よりも下宿生のほうが親との葛藤が少なく，

Topic パラサイト・シングル

　最近, 結婚せず (=いいかえれば, 自分で家族を構成せず), 親と同居し続けるヤング・アダルトが増加している。しかし, 同居は, 年老いた親を養い世話するためではない。むしろ, 逆に, さまざまな形で依存し続けるためである。学卒後も, 親と同居し, 基本的生活条件を親に依存している未婚者は「**パラサイト・シングル**」とよばれている (山田, 1999)。「パラサイト」とは,「寄生」という意味である。娘や息子が一方的に親に依存し, 金銭・労力・時間的な余裕を享受し, 自分の実際の収入に不相応な高い生活水準を維持する様をいいえている。

　彼らは, 収入があっても, 生活費として親に支払うのはわずか1〜3万円程度 (最頻値) であり, 住居や光熱費, 新聞代など生活費の大半を担っていない。したがって, 小遣いをたっぷりととることができ,「独身貴族」状態を維持できる (図8-5A)。また, 勤めから帰ると, 食事が準備され, 風呂が沸いているなど, 生活の基本を整える労力からも解放され (図8-5B), ゆとりの時間をレジャーに費やすことが可能となる。

　わが国では, 親子の絆が重要視される精神的風土があり, そこに「若くてエネルギーのある親」「少ない子ども」などの条件が加わって, 子どもを手元においておきたい親のニーズと, 依存することによって実質的メリットを享受できる子どものニーズが合致し,「心地よい親子関係」が子どもが成人に達した以降も続けられることになる。

図8-5 パラサイト・シングルの生活ぶり

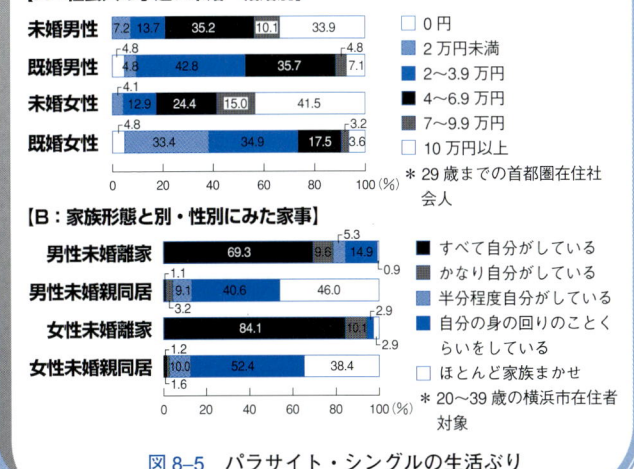

自立的で，親を心理的により近い存在と感じていた。何でも一人でやるという経験が，自立をうながしたものと考えられる。

青年と仲間関係

多くの若者にとって，仲間からどのように思われるかということはもっとも重要な関心事の一つである。仲間と同じような服装をし，同じようなことに関心を示し，同じように振舞う。彼らにとって，仲間はずれにあうことはとてもつらいことである。だから，仲間がよしとすることを，自分もよしとする。仲間を通じて，家族以外の世界を知り，自分の能力や性格についてのフィードバックを受け取り，他者から受け入れられる行動・態度の幅を確認し，そして愛着を交わすことの幸せを味わう。社会的隔離はさまざまな問題や障害をひきおこし，逆によい仲間関係は青年の適応（ライアンら，1996），さらには大人になってからの適応（ハイタワー，1990）にも結びついている。

特定の仲間との間に形成する親密な友情は，青年の発達に重要な役割を果たす（表8-3）。多くの精神分析家が親子関係の重要性を唱えた中にあって，サリヴァン（1953）は青年発達における友情の重要性を強調し，親密な友人をもてるか否かが孤独感や自尊感情に影響すると説いた。友人が欲しいという欲求だけでは，友情は成立しない。友情を維持し続けるためには，スキルを磨き，相手の立場に立ち，社会的能力を身につけ，問題解決能力を伸ばすことが必要になる。こうして，友情は互いに相手を，そして自分を成長させることにつながるのである。

友情のあり方は年齢によって異なる（表8-4）。青年期前～中期では同性，同年齢，同階層など類似性が高い者の間で形成され，

表 8–3　友人の機能（サントロック，1998）

協同相手
　　一緒に時間を過ごし，何かをするときの相手。

刺激を与えてくれる人
　　興味深い情報，興奮，快楽を与えてくれる。

実際の援助をくれる人
　　困ったときに，物質的物理的に助けてくれる。

自我に対する援助をくれる人
　　励ましやフィードバックなどにより，自分が価値のある人間，やればできる人間，魅力ある人間であることを教えてくれる。

社会的比較の対象
　　相手と比べることで，自分の適切さを知ることができる。

親密性を経験するときの相手
　　他者との暖かく，信頼でき，親しい関係というものを体験できる。

表 8–4　年齢階層と友人の数（牛島，1995）

1％水準で有意（％）

	1人	2〜4人	5〜9人	10人以上	N
16〜19歳	0.4	5.5 −−	20.4	73.7 ++	274
20〜24歳	0.7	11.1	21.9	66.4	425
25〜30歳	0.7	11.4	29.4 ++	58.5 −−	405
計	0.6	9.8	24.3	65.3	1,104

友人の数も比較的多い。児童期には友だちは一緒に遊ぶためのものであるが、青年期の親友関係は、自己開示、個人的な感情や考えの共有が特徴である。そして、相手の個人的なことをどのくらい知り理解しているかが親密性の指標とされる。青年期後期になると、友だちの人数は絞られ、親友や恋人といった核になる関係を中心に、友人関係が展開されるようになる。

現代の友人関係

近年、若者の人間関係のあり方が大きく変化した、という指摘がある。つまり、若者が〈やさしく〉なり、他者を求めすぎて相手を傷つけることがないよう、つきあい方が淡白になった、という主張である。ある調査によれば、実際には「親しい友人」が「いない」と答える者はわずか1％ほどしかいないし（総務庁, 1998）、友人関係の満足度もけっして低くはない（図8–6）。

だが、別の調査によれば、親友がいない者はもう少し多く、いても「あっさりしたつきあいで、深入りしない」と答える者もいる。その割合が以前と比較して増えているのかどうかは不明だが、とくに都市部において、無視できない割合でいることは、確かなようである。これらのタイプの若者は、友人と一緒にいても別々のことをするなど、人間関係ネットワーク作りに積極でない。

親友不在、あるいは淡白な人間関係にある人たちは、他人への依存度が低い「自立的」な人だという解釈も可能である。しかし、友人と親密感情を交わすことのない人たちは、日々の生活において充実感を感じることが少なく、社会的出来事への関心が低く、社会に対して個人は無力だと感じており、さらに自分という存在に対しても不確かさを感じている傾向がある（図8–7）。

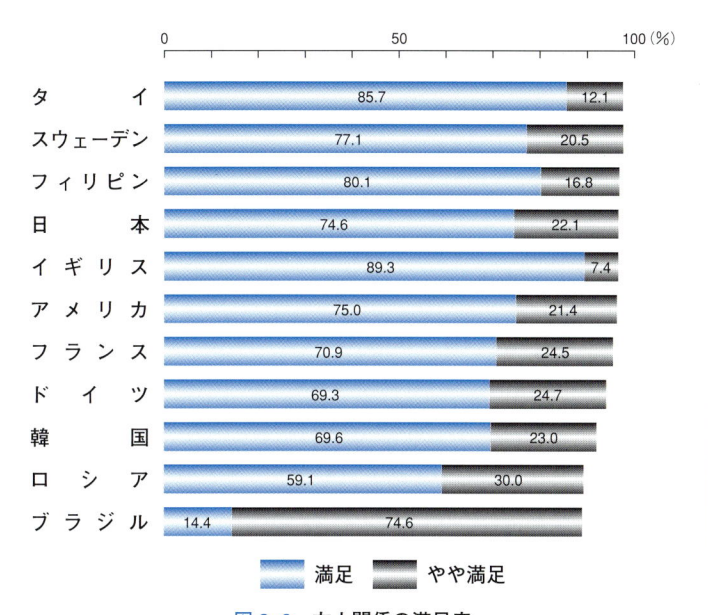

国	満足	やや満足
タ　　　イ	85.7	12.1
スウェーデン	77.1	20.5
フィリピン	80.1	16.8
日　　　本	74.6	22.1
イ ギ リ ス	89.3	7.4
ア メ リ カ	75.0	21.4
フ ラ ン ス	70.9	24.5
ド イ ツ	69.3	24.7
韓　　　国	69.6	23.0
ロ シ ア	59.1	30.0
ブ ラ ジ ル	14.4	74.6

図 8–6 友人関係の満足度
(総務庁, 第6回世界青年意識調査報告書)

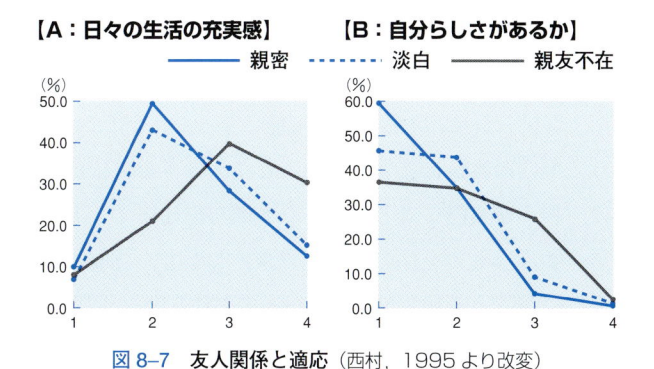

【A：日々の生活の充実感】　【B：自分らしさがあるか】

―― 親密　----- 淡白　―― 親友不在

図 8–7 友人関係と適応 (西村, 1995 より改変)
横軸は数値1が「強く肯定」, 4が「強く否定」を, 縦軸は度数割合を表す。

人は，他者からのさまざまな反応をいわば鏡のように用いて，そこに映った自分がどのような人間であるかを知る。親密な他者をもたない者は，自分をそこに映し出すことができないために，自己をより明確にとらえることが困難であり，自己や社会，そして両者の関係についても理解がおぼつかないものになってしまっているのである。

仮想現実時代の人間関係

　数年前のポケベルブームでの「ベル友」，そして，最近のインターネットでの「チャット」。若者は最新の技術が生み出したものに対して素早く，そして巧みに対応し，それを人間関係形成の手段として取り込む。

　時代の最先端の電子機器によるコミュニケーションは，能率よく短時間のうちに情報交換がなされるという利点がある。だが，便利性機能性の反面，電子機器によるコミュニケーションには人間関係のあり方を根底から変える何かがある，といわれている。時間をかけてゆっくり相手のことを知り，徐々に親密になっていく，という手続きや過程を踏むことなく，いきなり見知らぬ相手とコミュニケーションすることが可能になった。そこでは「仮面」をつけ，架空の誰かになりすますことさえできる（依田，1999）。互いに，相手が実際にはどのような人間かを知らずとも，「人間関係」のようなものを作ることができ，しかも，「別の新しい自分」を気にかけ「元気？」と気づかってくれるのをうれしく思うようになる。当の相手もひそかに，自分の相手が「仮想人物」かもしれないと思いながら，画面上での「深いつきあい」に一層のめりこんでいく（図8–8）。

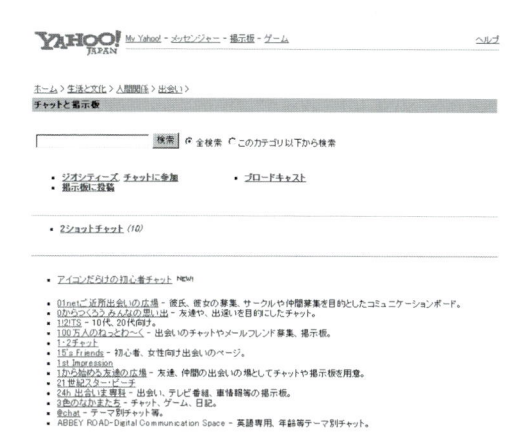

```
YAHOO!    My Yahoo! - メッセンジャー - 掲示板 - ゲーム              ヘルプ
JAPAN

ホーム > 生活と文化 > 人間関係 > 出会い >
チャットと掲示板

            検索   ⦿ 全検索  ○ このカテゴリ以下から検索


  • ジオシティーズ チャットに参加    • ブロードキャスト
    掲示板に投稿


  • 2ショットチャット (10)


  • アイコンだらけの初心者チャット NEW!
    • 01net ご近所出会いの広場 - 彼氏、彼女の募集、サークルや仲間募集を目的としたコミュニケーションボード。
    • 0からつくろうみんなの思い出 - 友達や、出会いを目的にしたチャット。
    • 1/21TS - 10代、20代向け。
    • 100人のねっとわーく - 出会いのチャットやメールフレンド募集、掲示板。
    • 1・2チャット
    • 15's Friends - 初心者、女性向け出会いのページ。
    • 1st Impression
    • 1から始めよう友達の広場 - 友達、仲間の出会いの場としてチャットや掲示板を用意。
    • 21世紀スター・ビーチ
    • 24h 出会い王専科 - 出会い、テレビ番組、車情報等の掲示板。
    • 3角のなかまたち - チャット、ゲーム、日記。
    • @chat - テーマ別チャット等。
    • ABBEY ROAD-Digital Communication Space - 英語専用、年齢等テーマ別チャット。
```

図8–8　Yahoo! JAPANで「出会い」を検索（http://www.yahoo.co.jp）
仮想現実時代の現代においては，インターネット上で，顔も知らない他者との出会いが可能である。

表8–5　インターネット中毒克服のためのステップ（ハーリー，1999）

1	**使用過多状態に気づくこと。** 強迫的欲求，授業や約束の会合に欠席，宿題を忘れる，友人や家族との接触が減少するなどの症状がある。
2	**そうした症状の裏に潜む問題を正しく理解する。** 将来への不安，社会性の問題などは，仮想現実世界への逃避の原因となる。
3	**原因となっている現実の問題に対処する。** 社会性の問題には正面から取り組む，専門家のセラピーを受けるなどがある。
4	**コンピュータの使用を管理する。** 接続している時間を制限する。現実活動を優先し，それがすむまでは，インターネットをしない。
5	**目的が明確な情報探索と幻想世界とを区別する。**

仮想現実時代の人間関係

画面上だけで完結する人間関係は，つまらなかったり気まずくなったりすればそれを捨て，また新たな出会いを求めればよいから，現実の重さを引き受けなくてすむ。とくに，青年は社会性の発達途上にあり，その強烈な自己意識のために現実の人間関係を築くのが苦手な傾向にあるから，現実よりははるかに心地よい仮想世界での人間関係に魅せられのめり込む傾向があるが，これに対して警告が発せられている（ハーリー，1999；表8–5）。

参考図書

パラサイト・シングルの時代　山田昌弘（著）　1999　ちくま新書　筑摩書房
　成人以降も，親に依存し続けるヤング・アダルト誕生の背景をわかりやすく鋭く解説している。

コミュニケーション不全症候群　中島　梓（著）　1991　筑摩書房
　人間関係というものがどのようなものであるかへの根源的問に答えてくれる力作。

社会的スキルと対人関係　相川　充・津村俊充（編）　1996　誠信書房
　社会生活の中で展開される人間関係についての心理学研究の解説書。

青年期の病理と反社会的行動 9

　青年期はエネルギーに満ち，自分の世界が広がっていくことを実感できる輝かしい季節である。同時に，さまざまな病理が現れてくる年代でもある。問題の現れ方は社会状況の影響を受け，どのような時代に青年期を過ごすかによって異なってくる。他方，何を「病気」「異常」「問題」と考えるかも，社会のあり方によって異なってくる。ここでは，現代の青年期の問題を考えてみよう。

●叫　び
（エドワルド・ムンク）

🌀 拒食症

人は食べ物を摂取し、それをエネルギーに変えることによって生命を維持している。しかし、ちょっとしたことをきっかけとして、食事の量を極度に制限し（不食）、やがて食欲そのものに異常をきたし、不健康なまでにやせてしまう人たちがいる。**拒食症**、または**思春期やせ症**（正式病名は**神経性食欲不振症**）とよばれる人たちである。

この病気の症例の第一報は1689年にロンドンでなされ、「皮膚で覆われた骸骨」の18歳の少女はまもなく死亡した、とされている。日本では1970年代から報告が増え始め、近年、症例報告は急増している。

この病気にかかる人は30歳以下の女性が圧倒的に多い。男性はまれである。最近では、中高生1学年100名の女子に対して、1～2名程度が摂食障害だといわれている。タレントの宮沢りえなど、1980年ごろまではほとんど知られていなかったこの病気を世に広く知らしめた人の中には、有名女性も少なくない。

典型的には、患者は年齢や身長から算出した標準体重から15～20％以上も少なく、いわゆる「骨と皮だけ」（図9-1）になり、無月経、低血圧、低体温、荒れ肌、内分泌系異常など身体的に虚弱状態になり、ひどい場合には女性歌手カレン・カーペンターのように死に至ってしまう。診断基準（表9-1）にあげられているように、彼女たちには「病気」だという意識が乏しく、しばしばエネルギーを消費しようとしているかのように、きわめて活動的で「元気」にみえる。

この病気はボディ・イメージの歪みが特徴である。彼女たちは、自分は太っていると思い込み、食べることを拒否し続ける。どん

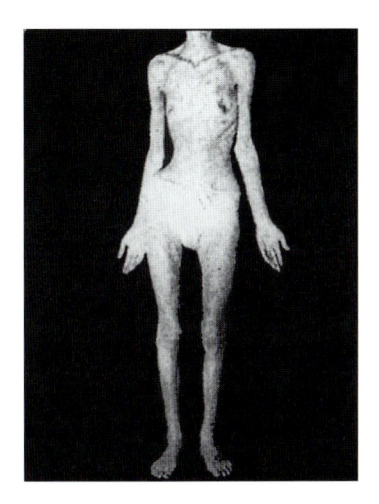

図9-1　**極度にやせた少女**（ルン・ホークスマ，1998）
極度にやせてしまっても，自分自身ではまだ太っていると思い込んでいる。

表 9-1　**神経性食欲不振症の診断基準**
（厚生省特定疾患　神経性食欲不振症調査研究班，1990）

1. 標準体重の－20％以上の痩せ
2. 食行動の異常（不食，大食，隠れ食いなど）
3. 体重や体型についての歪んだ認識
   （体重増加に対する極端な恐怖など）
4. 発症年齢：30歳以下
5. （女性ならば）無月経
6. 痩せの原因と考えられる器質性疾患がない

なにやせてきても，自分はまだまだ太っていると信じ，食べると太るという恐怖感を抱き続ける。若い女性が自分のスタイルを気にすることはよくあることだが，潜在的な心理的問題がある場合，ダイエットをきっかけとして，病気へと進行していく。

　かつては，母親に代表される大人の女性の醜さ・けがらわしさの否定，あるいはいつまでも子どものままでいたいと願って，心身の成長を自ら止めることによって肉体性を否定し，清浄さ，無性性を得ようとする女性性獲得過程の問題だと考えられていた。しかし，最近では，出産後にかかるケースもあり，必ずしも成熟拒否だけではとらえきれないと考えられるようになってきて，むしろアイデンティティ確立段階でのつまずきという見方が広がってきている。

過食症

　過食症は神経性過食症といい，拒食症と過食症とあわせて**摂食障害**とよぶ。拒食症の中にも，過食・嘔吐を繰り返す過食期をもつ場合や，過食症へと移行してしまうケースがある。

　過食症の人も，自分は太っていると思い込み，やせ願望が強い。過食症の人たちのもっとも強い望みはやせることであるのに，どうしても食欲が押さえきれなくなって，食べるという行動に走ってしまう（Topic）。そして，通常私たちが感じるような食後の満足感や幸福感を感じるどころか，食べた後は，自己嫌悪と肥満恐怖に襲われることになる（図9-2）。そこで，下剤を飲んだり，口に手を入れるなどさまざまな手段を用いて嘔吐する。過食症では，過食─嘔吐のパターンが常習化し，結果として身体はやせていく。過食症だった故ダイアナ妃は，婚約時代に皇太子から「ち

Topic 過食症の特徴

ふつうの人でも、ストレスがたまると、食べることに対して抑制できなくなる傾向がある。ときどき、無性にケーキが食べたくなる、あるいは大量の食事をとるなどである。しかし、過食症の人の食べることへの衝動は、それとは比較にならないほどのすさまじい様相を示す。

家の中にある食べ物をすべて食べ尽くす、それがなくなると、スーパーのカゴいっぱいの食料を仕入れてきて食べ尽くす、さらには所持している金銭をすべて食料につぎ込み、それがなくなると万引きをしてでも食べるものを手に入れ、入院している場合には、病院の廊下においてある配膳ワゴンからほかの人が残したものをあさったりすることもある。たいていは、下剤を片手に、あるいは食べた後手を口に入れて吐いてしまうため、どんなに大量に食べても体重は低い。

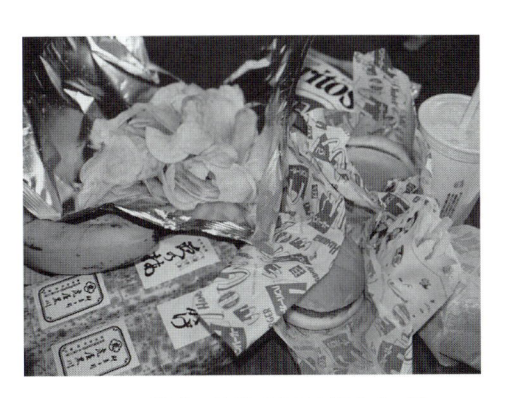

図9-2 簡単に入手できる大量の食べ物

これまでの長い歴史において、人間は生命維持のための食糧を得ようとして戦い努力し続けてきた。現代は飽食時代といわれ、食べ物はいとも容易に入手できる。しかし、そうなったとき、食べ物は太りたくない自分を太らせる「厄介な物」にすりかわってしまった。

ょっと太めだね」と言われたのをきっかけに，摂食障害に陥り，婚約発表当時73センチあったウェストが結婚式のときには59センチになっていたといわれている（図9-3）。

　過食症の人は，拒食症に比べると，衝動を自己コントロールできないことに気づきやすく，自分がふつうでないという意識をもち，自己評価が低く，抑うつ的である。

対人恐怖

　対人恐怖とは，「ふつうだれでもが感じる対人場面での羞恥・困惑感情を極度におそれ，それに〈とらわれる〉恐怖症の一型である」（精神医学大事典，1984）。対人恐怖は，この説明の冒頭に登場するように，日本人には日常的ななじみを覚える心性である。欧米には「社会恐怖」という分類があるが，日本での対人恐怖とはやや意味が異なっており，対人関係に敏感な日本社会に特徴的な神経症とされている。

　対人恐怖といっても，その症状は次のようにさまざまである。代表的なものをいくつか紹介しよう。

①赤面恐怖：人前で赤面することを極度に気にし，自分の赤面は他人のそれとは程度や質が違うと訴える。
②表情恐怖：自分の表情には不自然さ，ぎこちなさがあり，そのために対人関係がうまくいかないと訴える。
③視線恐怖：他人の視線が気になる場合と，自分の視線が自己統制できないと訴える場合とがある。
④醜形恐怖：自分の顔や身体部分が形状的に異常だと信じ，そのために対人関係がうまくいかないと訴える。
⑤体臭恐怖：自分が嫌な異臭を発していると思いこんで，苦に

図9–3　過食症だったダイアナ妃（写真提供：UPI・サン・毎日）

1981年7月，ロンドンで「世紀の結婚式」がとりおこなわれ，世界中の人々が，花嫁ダイアナの美しさに酔った。ダイアナのファッショナブルな美しさは，その後も多くの人々を魅了し続けた。だが，華やかなおとぎ話であるかのように思われていた彼女の人生は，実際には，幸福とはいい難い生い立ち，愛情薄い結婚生活，王室の厳格なしきたりや価値観などからくる重圧の中で，孤独感に苦しみ，過食症を病んでいた。夜中，冷蔵庫をあさって食べては吐いたと，本人自身がインタヴューの中で語っている。

する。

　いずれも，対人関係がうまくいかない理由を自分の中にさがし出そうとしている。最近は赤面恐怖が減少傾向にあり，かわって醜形恐怖が増加しているといわれている（斎藤，1998）。

　対人恐怖は，常にどんな人に対しても恐怖を感じているわけではない。家族などとても親しい人や，逆に群集の中などまったく知らない人の前では比較的平気である場合が多い。対人的な恐怖をもっとも感じるのは，両者の中間，すなわち少し知っている「半知り」の人に対してである。また，2人状況は比較的平気であるが，3人〜小規模集団が苦手である（表9-2）。

　対人恐怖は下限は12歳で，30歳以降の発症はまれだと報告されており，発症年齢がほぼ青年期に重なっていることから，青年期の発達課題と関わりが深いといわれている。青年期の心性を抜け出す30代以降は，一般に対人恐怖は軽減する傾向にある（表9-3）。

● 引き込もり

　学校へ行かず，仕事をせず，友達との関わりを避け，数カ月〜数年間以上家に閉じ込もる。ひどくなると，家族との接触を避け，食事は運ばせ，入浴もせず，昼夜逆転の無為な生活をし，ひたすら自分の部屋に閉じ込もる。このような状態は**引き込もり**とよばれる。最近，急速に増えてきており，一説ではその数100万人ともいわれているが，詳しい実態は把握されていない。

　ふつう，成長とともに，人の関心・活動の場は家族から仲間，やがて，より広い社会へと広がっていく。そして，他者と自分，社会と自分との関係のあり方を模索し，調整の仕方を学びとる。

表 9–2 対人恐怖の発生しやすい状況

- ●「半知り」「中間知り」の人たちの前。家族など非常に親しい人や，まったく知らない人の前では生じない。
- ●同年輩が苦手で，年長者や年少者に対しては比較的よい。
- ●誰かと自分という2人状況は比較的よい。3人以上少人数集団がもっとも苦手。大集団は比較的よい。
- ●課題といったものがない雑談や自由討議などが苦痛。

表 9–3 年齢と対人恐怖（内沼，1977）

年　　齢	人数	％
～14 歳	2	0.2
15～19 歳	285	34.1
20～24 歳	330	39.5
25～29 歳	118	14.1
30～34 歳	42	5.0
35～39 歳	19	2.3
40～44 歳	17	2.0
45～49 歳	14	1.7
50～	8	1.0
計	835	99.9

＊30歳代になると，対人恐怖は急速に減少する。

同時に，人は自分自身と向き合い，自己との対話をするために，エネルギーを内側に向け，自分自身の内的な世界に入り込む。こうした外への広がりと内への深まりを繰り返しながら，人は成熟へと向かう。

　しかし，現代においては，人との関係を築くことにつまずき，人との関わりによって傷つき，人と接することに不安や緊張を抱く人が多くなってきている。そして，一時的避難としての「引き込もり」をするケースが出てくる。思春期の子どもの場合，それは学校へ行かない，すなわち不登校，という形をとる。

　引き込もりを続けていくと，人との交流経験が乏しくなり，ますます人との関わり方に自信がもてなくなって，やがて引き込もり状態を抜け出せなくなっていく（図9-4）。しこりへの適切なほぐしがなければ，引き込もりが長期化しやすいのは，このような悪循環の輪に踏み込んでしまいやすいからである。

　引き込もりを続けている人は，人との関わりへの望みを心の中で完全に断ち切ってしまっているわけではない。人と関わり方がわからない，でもなんとか関わりをもちたい，と苦悩している。しかし，当の本人は，自分の気持ちをきちんと整理して，人に伝える状態にはない。エネルギーが枯渇していたり，あるいは情緒的に混乱していたりして，「なんだかよくわからないけど，苦しい」のである。したがって，周囲の人は叱咤激励したり，逆に「勝手にしろ」と投げ出したりせずに，安全な人間関係がここにあることをわからせるような気長な努力が必要であり，どこまでも支える援助が求められる。また，家族への支援も必要である。

　引き込もりは，海外では対応する症例があまりなく，日本的な病理ではないかと考えられている（田中，1996）。発生のメカニ

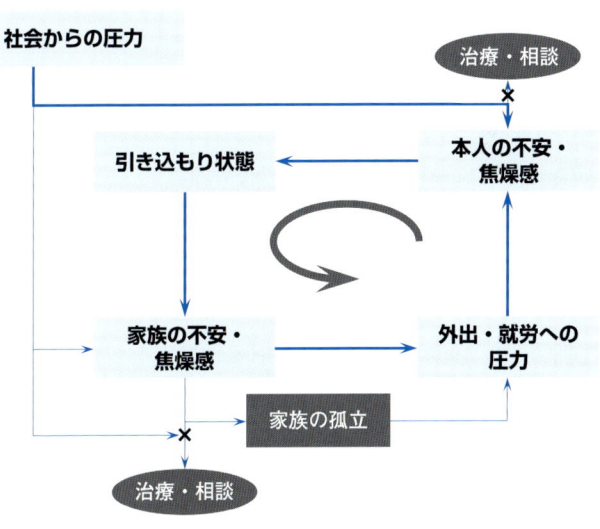

図 9–4　社会的引き込もりの悪循環（斎藤，1998）
引き込もりが長期化すると，家族の間で不安や焦燥感が高まり，本人に対する説教や叱咤激励で本人を変えようとする。しかし，本人にとってはそれはさらなるプレッシャーに感じられ，いっそう引き込もるようになってしまう。それは家族の不安をさらにつのらせてしまう。

ズムだけでなく，引き込もったまま何歳になっても自分の生活のすべてを親に依存している，また親がそれを許容しているという状態そのものが，日本的だという指摘もある（斎藤，1998）。

自　殺

　わが国の青少年の自殺は，諸外国に比べて少なく，また過去30年あまりの間に，減少傾向をたどってきた。しかし，それでも，自殺は10代から20代にかけての死因の上位を占めており（表9-4），その数は年間2,500人以上にのぼっている。

　人生に絶望するにはまだ早すぎるはずの10代や20代の若者が，なぜ自殺してしまうのだろうか。青少年の自殺の動機についての調査によれば，学校問題が約4分の1を占め，第1位となっている（厚生省，1994）。ここ数年，社会問題として注目されたいじめによる自殺も，この中に含まれる。学校に関連することが問題となる背景には，なかなか改善されない学歴・学校主義や，それに由来する評価の一元化，さらには学校教育の閉鎖性などさまざまな外的な問題と，その中での自己確立が困難で不適応感を抱く個人の問題とが複雑に絡んでいる。本人自身，なぜ自殺するのかよくわからない場合さえある。

　困難に遭遇し，精神的な苦しさに押しつぶされそうに感じるとき，死んでしまいたいという思いを抱くことはだれにでもある。しかし，ふつう，そのような自殺願望がただちに行動に移されるわけではない。自殺を実際に実行する人は，むしろ少数派である。その人たちも，一直線に自殺に向かうのではなく，自殺のサインを出し，「助けてほしい」というメッセージを幾度となく周囲に送りながら，徐々に自殺へと向かっていくといわれている。

表9-4 **青年の死因の上位項目**（厚生省『平成6年 人口動態統計』）

男　子		
【10～14歳】		
1位	不慮の事故および有害作用	26.8%
2位	悪性新生物	17.8
3位	自　殺	7.7
【15～19歳】		
1位	不慮の事故および有害作用	54.8%
2位	自　殺	13.1
3位	悪性新生物	8.0
【20～24歳】		
1位	不慮の事故および有害作用	44.0%
2位	自　殺	23.1
3位	悪性新生物	7.5
【25～29歳】		
1位	不慮の事故および有害作用	30.6%
2位	自　殺	27.8
3位	心疾患	10.2

女　子	
悪性新生物	23.9%
不慮の事故および有害作用	17.4
心疾患	8.4
不慮の事故および有害作用	35.9%
悪性新生物	15.3
自　殺	14.9
不慮の事故および有害作用	26.8%
自　殺	24.4
悪性新生物	12.4
自　殺	27.3%
悪性新生物	22.0
不慮の事故および有害作用	13.1

（注）数値は，各年代の死亡総数に占める割合。

10代～20代にかけて，自殺は青少年の死因の常に上位を占める。

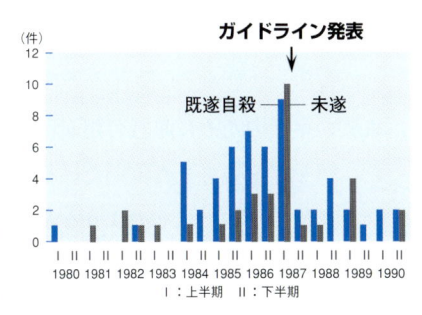

図9-5 **自殺報道のガイドラインと自殺件数**（高橋，1998）

新聞が地下鉄自殺を詳細に報道するのとほぼ時期を同じくした1984年ごろから，ウィーンの地下鉄自殺者は急激に増大した。そこでオーストリア自殺予防学会は，マスメディアに対し，見出しに「自殺」という文字を使用する，自殺者の写真を掲載することなどが世間の関心を引き，自殺を誘発する可能性があると指摘して，自殺報道のガイドラインを提示した。マスメディアがそれに応じ自殺報道を改めたところ，地下鉄自殺は激減した。

潜在的に自殺の危険が高く、かろうじて生の側に踏みとどまっているような人の場合、だれかが自殺したというマスコミ報道などを媒介として、一挙に自殺実行へと走ってしまい、それがさらなる連鎖反応の引き金と化すこともある（図9-5）。

非行・青少年犯罪

青少年の犯罪が増えているように思われる。だが、実際はどうなのだろう。図9-6は、主要刑法犯補導の時代的推移を示したものである。非行・犯罪は、社会のあり方を映し出す鏡といわれ、その時代の社会状況を反映して、量的にもまた質的にも変化する。近年は、数字のうえではむしろ減少傾向にある。

しかし、近年の非行・犯罪は、ごくふつうの家庭に育ち、一見ごくふつうの青少年が非行をおこす大人の目からみて不可解なケース、「遊び型」非行や、女子の性に絡む問題で増加が著しい（上田・守安, 1996）。

女子の性に絡む問題

かつて、貧しい時代には、家族の生活のために年長の娘が泣く泣く女郎として売られていった。娘を売る親もまた泣いた。その後、社会が貧困から脱出していく過程で、徐々にそのような悲劇が少なくなり、性が自分の手元に取り戻されるようになった。

しかし、近年の価値観変動の中でも、性のモラルはとくに短期間のうちに大きく変わり（4章参照）、性はかつてほど、「プライベートで特別に大切なこと」ではなくなりつつある。そのような風潮の中、自らの性を商品化する女子高校生や中学生が増えている（図9-7）。商品化が成立するのは、商品として売る側と買う

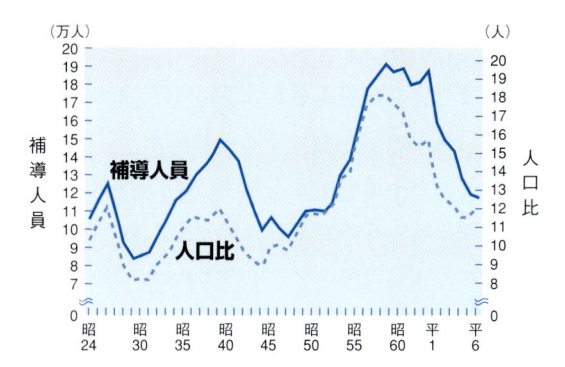

図 9-6 主要刑法犯で補導された少年の人員と人口比
(警察白書平成7年版)

非行は社会の鏡とされ，社会状況を反映して，その時代時代で増減を繰り返してきた。近年は，数字的には減少傾向にあるが，低年齢化，凶悪化が進行している。

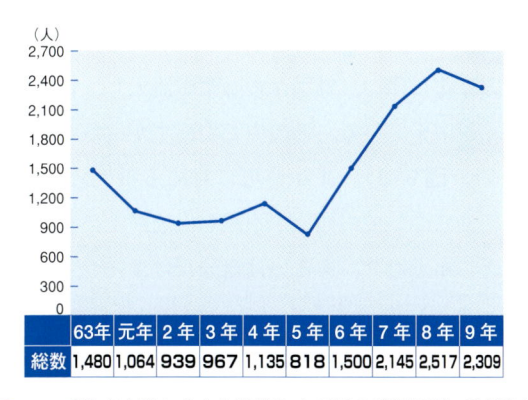

	63年	元年	2年	3年	4年	5年	6年	7年	8年	9年
総数	1,480	1,064	939	967	1,135	818	1,500	2,145	2,517	2,309

図 9-7 「遊ぶ金欲しさ」を動機とする性の逸脱行為で補導された女子少年の推移（昭和63年〜平成9年）
(平成10年 警察白書を改変)

平成9年に性の逸脱行為で補導された女子は4,912名で，そのうち中・高校生が67.1％を占めた。とくに，「遊ぶ金欲しさ」を動機とする者が増えている。

非行・青少年犯罪

側の双方のニーズがあるからであり、仲介することを商売とする者もいる。人々の心が互いにみえにくくなり、他方、消費欲求を駆り立てるさまざまな仕組みをもつ現代の社会において、人々の関心は絶えず「もっと」消費することに向かう。そして、「減るわけじゃないし、お小遣い増えるだけ、得じゃん」という、**援助交際**で稼ぐ者が出てくるのである。デートクラブなどに関して補導された少女にたずねたアンケートによれば、家出や万引きなどの経験者は減少し、ごくふつうの家庭の子どもが、「問題行動」という意識をもたずに、気軽な気持ちで行っていることがわかる。

しかし、性に対する意識変化は社会全体でおきており、大人の側にもそれがなぜ「問題」であるかについて自信をもって明確に説明できないという混乱もみられる。

薬物

社会の国際化に伴い、外国から麻薬が流入し、覚せい剤関連の青少年犯罪が増えている。その中で中高生が占める割合がとくに上昇著しい（図9-8）。薬物使用に対する抵抗感が希薄になり、薬物の依存性についての知識が不足し、危険性や有害性についての認識が乏しかったり、あるいは自分だけはいつでもやめられるという誤った自己万能感をもっていたりして、犯罪意識が低い。中には、「ダイエット効果がある」と信じて、乱用している女子高校生もいる。最初はごく軽い気持ちで始めても、次第により強い刺激を求めて、シンナーから依存性の強い覚せい剤へと発展するケースがある。

ほかの非行と同様に、本人側の要因として、居場所のなさ、疎外感や空虚感の強さ、忍耐力や主体性の乏しさなどが背景にある

	63年	元年	2年	3年	4年	5年	6年	7年	8年	9年
中学生	29	16	9	15	14	17	13	19	21	43
高校生	4.2	21	27	40	39	38	41	92	214	219
中高生割合	5.6	3.8	4.7	5.8	5.3	5.6	6.5	10.3	16.4	16.4

図 9–8 **覚せい剤事犯で補導された者のうち，中・高校生割合の推移**
（平成 10 年　警察白書）

青少年の薬物事犯でもっとも多いシンナー乱用は減少傾向にあるが，かわって，覚せい剤乱用が増加傾向にある。繁華街で容易に入手できる状況があり，他方，「エス」「スピード」などとよび，「ダイエット効果がある」と誤った認識をもっていたり，薬物の危険性や有害性についての認識が欠けたりしていることが背景にある。

といわれている。他方，繁華街などで容易に薬物を入手できるほか，最近ではインターネットなどを用いて，人と直接交渉することなく入手できるようになってきており，購入時の抵抗感が一層少なくなるような社会環境が形成されつつある。

参考図書

自殺――生きる力を高めるために　榎本博明（著）　1996　サイエンス社
　青年の自殺の背景や兆候などを知るための，わかりやすい解説書。
拒食と過食――心の問題へのアプローチ　青木紀久代（著）　1996　サイエンス社
　摂食障害の心の闇を探る案内書。
社会的ひきこもり――終わらない思春期　斎藤　環（著）　1998　PHP新書　PHP研究所
　著者の治療体験にもとづいて書かれた引き込もりについての良書。

引用文献

【1章】

Cudacoff, H. P. 1989 *How old are you?: Age consciousness in American Culture.* Princeton Unversity Press. 工藤政司・藤田永祐訳 1994 年齢意識の社会学 法政大学出版局
Davis, K. 1944 Adolescence and the social structure. *The annals of the American Academy of Political and Social Science,* **236**, 8–16.
Gills, J. R. 1981 *Youth and History——Tradition and change in European age relations, 1770–Present.* Academic Press. 北本正章訳 1985 〈若者〉の社会史 新曜社
井野瀬久美恵 1992 子どもたちの大英帝国——世紀末、フーリガン登場 中公新書
人口問題研究会 1976 人口問題の手引き 人口情報 昭和50年度第3号
小嶋秀夫 1991 児童心理学への招待——学童期の生活と発達 サイエンス社
Santrock, J. W. 1998 *Adolescence,* 7th ed. McGraw-Hill.
Tuan, Yi-Fu 1982 Segmented world and self: Group life and individual consciousness. University of Minnesota Press. 阿部　一訳 1993 個人空間の誕生 せりか書房

【2章】

天野郁夫 1992 学歴の社会史——教育と日本の近代 新潮選書
Aronson, E., & Mills, J. 1959 The effect of severity of initiation of liking for a group. *Journal of Abnormal and Social Psychology,* **59**, 177–181.
ヘイリー・アレックス 1977 ルーツ 安岡章太郎・松田　銑訳 社会思想社
河合隼雄 1980 大人になることのむずかしさ 岩波書店
小此木啓吾 1978 モラトリアム人間の時代 中央公論社
鈴木乙史 1995 「大人」概念の日米比較研究 日本心理学会第59回大会発表資料
植田千晶 1985 青年期終期の遅延化 梅本堯夫編 教育心理学の展開 新曜社
Young, F. W. 1965 *Initiation ceremonies.* New York: Bobbs-Merrill.
鷲田清一 1999 ピアスから消えた儀礼 日本経済新聞1月23日夕刊

【3章】

Baydar, N., Brooks-Gunn, J., & Warren, M. P. 1992 *Changes in depressive symptoms in adolescent girls over four years: The effects of pubertal maturation and life events.* Unpublished manuscript, Department of Psychology, Columbia University, New York City.
Boxer, A.M., Tobin-Richards, M., & Pertersen, A.C. 1983 Puberty: Physical change and its significance in early Adolescence. *Theory into Practice,* **22**, 85–90.
Brooks-Gunn, J., & Paikoff, R. 1993 "Sex is gamble, kissing is a game":

Adolescent sexuality, contraception, and sexuality. In S. P. Millstein, A. C. Petersen, & E. O. Nightingale, (Eds.), *Promoting the health behavior of Adolescents.* New York: Oxford University Press.
Brooks-Gunn, J., & Warren, M. P. 1989 The psychological Significance of secondary sexual characteristic in 9–11-year-old girls. *Child Development*, **59**, 161–169.
日野林俊彦・南　徹弘・糸魚川直祐　1998　女子初潮年齢の再低年齢化の続行について　日本心理学会第62回大会発表論文集，p.215.
平山　諭・鈴木隆男　1993　発達心理学の基礎Ⅰ：ライフサイクル　ミネルヴァ書房
Jones, H. E. 1949 *Adolescence in our society.* The family in a democratic society: Anniversary papers of the Community Service Society of New York: Columbia University Press.
落合良行・伊藤裕子・齋藤誠一　1993　青年の心理学　ベーシック現代心理学4　有斐閣
齋藤誠一　1990　思春期の身体発達が心理的側面に及ぼす効果について　青年心理学研究会1989年度研究大会発表資料
Santrock, J. W. 1998 *Adolescence,* 7th ed. McGraw-Hill.
瀬川清子　1980　女の民俗誌――そのけがれと神秘　東京書籍
玉田太朗　1986　少年期のからだの変化　本間日臣・丸井英二編　青少年の保健Ⅰ　放送大学教育振興会，Pp. 51–62.
玉田太朗　1987　青年期のからだ――思春期発現のメカニズム　本間日臣・丸井英二編　青少年の保健Ⅱ　放送大学教育振興会，Pp. 37–46.
Tanner, J. M. 1978 *Foetus into man: Physical growth from conception to maturity.* Openbooks. 熊谷公明訳　1983　小児発達学――胎児から成熟まで　日本小児医事出版社
Tobin-Richards, M., Boxer, A. M., & Pertersen, A.C. 1983 The psychological significance of pubertal change: Sex Differences in perceptions of self during early adolescence. In J. Brooks-Gunn & A. C. Pertersen (Eds.), *Girls at puberty.* New York: Plenum.
矢野喜夫・落合正行　1991　発達心理学への招待――人間発達の全体像をさぐる　サイエンス社

【4章】

Aronson, E. 1969 *Some antecedents of interpersonal attraction.* Nebraska Symposium on Motivation, Pp. 143–179.
Buss, D. M., & Kenrick, D. T. 1998 Evolutionary social psychology. In D. T. Gilbert, S. T. Fiske, & G. Lindzey (Eds.), *The handbook of social psychology,* 4th Ed. Vol. 2. Boston, MA: McGraw-Hill.
Cohen, R. J. 1994 *Psychology and Adjustment: Values, culture and change.* Allyn and Bacon.
Davis, K. E. 1985 Near and dear: Friendship and love compared. *Psychology Today*, **19**, 22–30.
Dawkins, R. 1976 *The selfish gene.* Oxford: Oxford University Press.
藤原武弘・黒川正流・秋月左都士　1983　日本版Love-Liking尺度の検討　広島大学総合科学部紀要Ⅲ　情報行動学研究, **7**, 39–46.
Hazan, C., & Shaver, P. R. 1987 Romantic love conceptualized as an

attachment process. *Journal of Personality and Social Psychology*, **52**, 511–524.
伊藤裕子 1993 自分は誰を愛しているのか 青年の心理 有斐閣
Kirkpatrick, L.A., & Davis, K.E. 1994 Attachment style, gender and relationship stability: A longitudinal analysis. *Journal of Personality and Social Psychology*, **66**, 502–512.
厚生省人口問題研究所 1994 平成4年独身青年層の結婚観と子供観——第10回出生動向基本調査 厚生統計協会
松井 豊 1993 恋ごころの科学 サイエンス社
奥田秀宇 1997 人をひきつける心——対人魅力の社会心理学 サイエンス社
中山太郎 1956 日本若者史 日文社
(財) 日本性教育協会 1994 青少年の性行動・第4回
Rubin, Z. 1970 Measurement of romantic love. *Journal of Personality and Social Psychology*, **16**, 265–273.
総務庁 1994 世界の青年との比較からみた日本の青年・第5回
総務庁 1998 総務庁第6回世界青年意識調査報告書
Sternberg, R. J. 1986 A triangular theory of love. *Psychological Review*, **93**, 119–135.
Walster, E., Aronson, V., Abrahams, D., & Rottman, L. 1966 Importance of physical atractiveness and in dating choice. *Journal of Personality and Social Psychology*, **4**, 509–516.

【5章】

Bem, S. L. 1974 The measurement of psychology androgyny. *Journal of Consulting and Clinical Psychology*, **42**, 155–162.
Bonnett, E. M., & Cohen, L.R. 1959 Men and women: personality patterns and contrasts. *Genetic Psychology Monographs*, **59**, 101–155.
Brovermann, I. K., Vogel, S. R., Broverman, D. M., Clarkson, F. E., & Rosenkrantz, P. S. 1972 Sex-role stereotypes: A current appraisal. *Journal of Social Issues*, **28**, 59–78.
Brooks=Gunn, J. & Matthews, W. S. 1979 *He & She: How children develop their sex-role identity*. NJ: Prentice Hall. 遠藤由美訳 性別役割——その形成と発達 1982 家政教育社
Ehrhardt, A. A., Epstein, R., & Money, J. 1969 Fatal androgen and some aspects of sexually dimorphic behavior in women with the late-treated adrenogenital syndrome. *Johns Hopkins Medical Journal*, **123**, 115–122.
伊藤裕子 1978 性役割の評価に関する研究 教育心理学研究, **26**, 1–11.
伊藤裕子 1988 性差 日本児童研究所編 児童心理学の進歩, **27**, 151–181.
伊藤裕子・秋津慶子 1983 青年期における性役割観および性役割期待の認知 教育心理学研究, **31**, 146–151.
Heilbrun, A. B. 1981 *Human sex-role behavior*. Pergamon Press.
Horner, M. 1972 Toward an understanding of achievement-related conflicts in women. *Journal of Social Issues*, **28**, 157–175.
Jose, O. E., & McCarthy, W. J. 1988 Perceived agentic and communal behavior in mixed-sex interactions. *Personality and Social Psychology Bulletin*, **14**, 57–67.
間宮 武 1979 性差心理学 金子書房

Money, J., & Ehrhardt, A. A.　1972　*Man and woman, boy and girl*.　Baltimore: Hohns Hopkins University Press.
Mead, M.　1935　*Sex and temperament in three primitive societies*.　London: Routledge & KeganPaul.
Parsons, T.　1949　*The structure of social action: A study in social theory with special reference to a group of recent European writers*.　Glencoe, III: Free Press.
Stoller, R. J.　1968　*Sex and gender, on the developmemt of masculinity and femininity*.　New York: Science House.
菅原健介・馬場安希　1998　現代青年の痩身願望についての研究——男性と女性の痩身願望の違い　日本心理学会第62回大会発表論文集，p.69.

【6章】

Archer, S. L.　1989　The status of identity: Reflections on the need for intervention.　*Journal of Adolescence*, **12**, 345–359.
Baumeister, R. F.　1987　How the self became a problem: A psychological review of historical research.　*Journal of Personality an Social Psychology*, **52**, 163–176.
Baumeister, R. F.　1998　The self.　In D. T. Guilbert, S. T. Fiske, & G. Lindzey (Eds.), *The Handbook of Social Psychology*, 4th ed.　Boston, MA: McGraw-Hill.
Erikson, E. H.　1959　*Identity and the life cycle*.　*Psychological Issues*, No. 1.　New York: International Universities Press.　小此木啓吾訳編　1973　自我同一性——アイデンティティとライフサイクル　誠信書房
梶田叡一　1980　自己意識の心理学　東京大学出版会
加藤隆勝　1977　青年期における自己意識の構造　日本心理学会モノグラフ委員会
Marcia, J.　1980　Ego identity development.　In J. Adelson (Ed.), *Handbook of adolescent psychology*.　New York: Wiley.
Marcia, J.　1996　*Unpublished review of adolescence* (7th ed.) by J. W. Santrock.　Dubuque, IA: Brown & Benchmark.
岡本祐子　1985　中年期の自我同一性に関する研究　教育心理学研究, **33**, 295–306.
小沢一仁　1991　青年と社会　山添　正編著　心理学から見た現代日本人のライフサイクル——生涯発達・教育・国際化　ブレーン出版

【7章】

Erikson, E. H.　1959　*Identity and the life cycle*.　*Psychological Issue*, No. 1.　New York: International Universities Press.　小此木啓吾訳編　1973　自我同一性　誠信書房
経済企画庁国民生活局　1987　新しい女性の生き方を求めて　大蔵省印刷局
経済企画庁国民生活局　1995　平成6年度国民生活選好度調査　大蔵省印刷局
経済企画庁　平成10年版国民生活白書
小沢一仁　1991　青年と社会　山添　正編著　心理学から見た現代日本人のライフサイクル——生涯発達・教育・国際化　ブレーン出版
日本婦人団体連合会　1992　婦人白書
リクルート・リサーチ　1989　大学生の就職動機調査
総務庁　1998　総務庁第6回世界青年意識調査報告書

Yamashita, T. 1996 Relative importance of college life for Japanese students. *Psychological Reports*, **79**, 721–722.

【8章】

Belsky, J. 1981 Early human experience: A family perspective. *Developmental Psychology*, **17**, 3–23.
ハーリー・ジェーン 1999 コンピュータが子どもの心を変える 西村作・山田詩津夫訳 大修館書店
Hightower, E. 1990 Adolescent interpersonal and familial percursors of positive mental health at midlife. *Journal of youth and Adolescence*, **19**, 257–275.
Hill, J. P., Holmbeck, G. N., Marlow, L., Green, T. M., & Lynch, M. E. 1985 Pubertal status and parent-child relations in families of seventh-grade boys. *Journal of Early Adolescence*, **5**, 31–44.
Holmbeck, G. N., Durbin, D., & Kung, E. 1995 *Attachment, autonomy and adjustment before and after leaving home: Sullivan and Sillivan revisited.* Paper presented at the meeting of the Society for Research in Child Development, Indianapolis.
西村美東士 1995 若者にとってのネットワーク形成の困難と可能性 高橋勇悦監修 都市青年の意識と行動 恒星社厚生閣
Ryan, A. M., & Patrick, H. 1996 *Positive peer relationships and psychosocial adjustment during adolescence.* Paper presented at the meeting of the Society for Research on Adolescence, Boston.
Satrock, J. W. 1998 *Adolescence*, 7th ed. McGraw-Hill.
総務庁 1998 総務庁第6回世界青年意識調査報告書
Stewart, W., & Barling, J. 1996 Fathers' work experience effect children's behaviors via job-related affect and parenting behaviors. *Journal of Organizational Behavior*, **17**, 221–232.
Sullivan, H. S. 1953 *Interpersonal theory of psychiatry.* New York: W. W. Norton.
牛島千尋 1995 青年期の友人・親友関係の変化と核的人間関係の形成 高橋勇悦監修 都市青年の意識と行動 恒星社厚生閣
山田昌弘 1999 パラサイト・シングルの時代 ちくま新書
依田 明 1999 マニュアル人間が増えている 書斎の窓, **482** 有斐閣

【9章】

警察庁 平成7年警察白書
警察庁 平成10年警察白書
厚生省 1990 厚生省特定疾患神経性食欲不振症調査研究班報告書平成1年度〜平成5年度
厚生省大臣官房統計情報部 1995 平成6年人口動態統計（確定数）の概況
Nolen-Hoeksema, S. 1998 *Abnormal Psychology.* Boston, MA: McGraw-Hill.
斎藤 環 1998 社会的ひきこもり——終わらない思春期 PHP新書
高橋祥友 1998 群発自殺 中公新書
田中千穂子 1996 ひきこもり——「対話する関係」をとり戻すために サイエンス社
内沼幸雄 1977 対人恐怖の人間学 弘文堂
上田彩子・守安 匡 1996 非行——対処と予防のために サイエンス社

索　引

▶人名索引

ア　行
ウォルスター（Walster, E.）　56

エリクソン（Erikson, E. H.）　96, 112

小此木啓吾　28, 102

カ　行
河合隼雄　32

サ　行
斎藤　環　150, 151
サントロック（Santrock, J. W.）　131, 135

タ　行
ターナー（Tanner, J. M.）　37, 43

デービス（Davis, K.）　2

ハ　行
ハーリー（Healy, J.）　139, 140

ブルックス＝ガン（Brooks-Gunn, J.）　48, 72

ベム（Bem, S. L.）　82

ホール（Hall, G. S.）　14

マ　行
マーシャ（Marcia, J.）　98〜100

ミード（Mead, M.）　74

ラ　行
ルビン（Rubin, Z.）　52

▶事項索引

ア　行
アイデンティティ　98
　アイデンティティ危機　98
　アイデンティティ地位　99
　アイデンティティの発達　100
　アイデンティティの模索　102
　拡散　98
　早期完了　98
　達成　98
　モラトリアム　98
アイデンティティ発達理論　96
愛の三角理論　52
「遊び型」非行　154
アンドロジニー（両性具有性）　82

生き方の多様性　118
移行期　20
一般職　120
イニシエーション（通過儀礼）　20
インターネット中毒　139

MAMAサイクル　100
M字型曲線　116

男は外，女は内　78
男らしさ　80
「大人」の概念　27
親子関係の葛藤　126
親の経済的負担　128
親離れ　130

親への経済的依存　128
女らしさ　80

カ 行

過食症　144
仮想現実時代　138
家族のライフサイクル　131
学校教育　10
仮面　138
ガラスの天井　121
身体のめざめ　36

キャリア女性　120
拒食症　142
近代家族の成立　6

経済的自立　26
結婚　66
　結婚抜き恋愛　66
　見合い結婚　66
　恋愛結婚　66
　恋愛抜き結婚　66
現代のモラトリアム　31
元服式　22

好意尺度　52
高学歴化　29
工業化　8
高等教育進学率　26
高等教育の大衆化時代　26
行動主義　16
個人差　38
古典的モラトリアム　28
子離れ　130

サ 行

産業革命　4, 8

自我同一性　96
時間的展望　98
自己定義過程　103
自己不確実感　102
思春期　24
思春期スパート　36

思春期変化の影響　48
思春期やせ症　142
自尊感情　92
自分探し　102
社会化　72
社会システムのメンバー　26
社会的学習理論　16
社会的引き込もり　151
ジャガイモ　8
就学率　12
将来決定の先送り　106
職業観　108
職業選択　96
職場生活の満足度　112
女性性　76
女性の労働力率　116
初潮　40
自立　126, 132
自立への欲求　132
進化心理学　60
神経性食欲（食思）不振症　142
人口学の構造の変化　4
人口爆発　8
身体的魅力　54
身辺的自立　26
親友　136
心理社会的モラトリアム　26
心理的距離　130
心理的離乳　90
進路決定　106

性　70
　遺伝的・生物学的性（sex）　70
　指定された性　70
　社会的性（gender）　70
生産の効率化　10
青少年の自殺　152
青少年犯罪　154
成人愛着理論　64
精神的自立　26
精神分析理論　14
生態学理論　16
性的成熟　42
性的成熟への心理的反応　44

性的存在　35
性転換　86
性同一性　86
性同一性障害　86
性による二分法　78
青年期　2, 10
青年期誕生　10
青年期の拡大　24
青年期の自己理解　90
青年期の制度の確立　12
青年期の大衆化　12
青年期発達課題　148
青年心理学　12
青年と大人の区分の溶解　32
青年と家族関係　125
性の再指定　86
性ホルモン　40
性モラル　58
性役割　70, 76
性役割期待　78
性役割ステレオタイプ　78
セクシャリティ　56
摂食障害　142
専業主婦　120

総合職　120
相互社会化　124
早熟　44

タ　行

第1次性徴　40
ダイエット　84
体格指数　82
体重の年間増加量　36
対人恐怖　146
　視線恐怖　146
　醜形恐怖　146
　赤面恐怖　146
　体臭恐怖　146
　表情恐怖　146
第2次性徴　40
第2の誕生　90
ダブル・スタンダード（二重基準）　60

男女共同参画社会　118
男性性　76

チャット　138
中産階級　10

通過儀礼（イニシエーション）　20

転職　114
伝統的性役割観　114

道具的役割　78
都市化　8

ナ　行

内的作業モデル　64
仲間関係　134

二重基準（ダブル・スタンダード）　60
ニューギニアの3部族　74

認知理論　16

年功賃金制　114

能力・成績重視型　114

ハ　行

配偶者選択　96
発達加速現象　29, 40
発達モデル　16
発達理論　17
パラサイト・シングル　133
晩熟　46
バンドリング　59

引き込もり　148
肥満恐怖　144
表出的役割　78
貧困ライフ・サイクル　12

フーリガン　12
フェミニズム　76

フルタイム　120
文化の継承性　128
文脈理論　16

ベル友　138

ボディ・イメージ　142

マ　行
見えない天井　121

モラトリアム人間　28

ヤ　行
薬物　156

やせ　84

友情　134
友人の機能　135

ラ　行
ライフ・ステージ　2

利己的な遺伝子　60
理想志向　126
両性具有性（アンドロジニー）　82

恋愛　52
恋愛尺度　52

著者略歴

遠藤由美
<small>えんどう　ゆみ</small>

1984年　京都大学教育学部教育学科（教育心理学）卒業
1989年　京都大学大学院教育学研究科博士後期課程修了
現　在　関西大学社会学部教授　博士（教育学）

主要著書
『自己の社会心理』（共著）　誠信書房
『セルフ・エスティームの心理学』（共著）　ナカニシヤ出版
『グラフィック社会心理学　第2版』（共著）サイエンス社

コンパクト新心理学ライブラリ　10

青年の心理
――ゆれ動く時代を生きる――

2000年11月10日©		初　版　発　行
2017年 9月25日		初版第10刷発行

著　者　遠藤由美　　　　発行者　森平敏孝
　　　　　　　　　　　　印刷者　山岡景仁
　　　　　　　　　　　　製本者　米良孝司

発行所　**株式会社　サイエンス社**
〒151-0051　東京都渋谷区千駄ヶ谷1丁目3番25号
営業　☎(03) 5474-8500（代）　振替 00170-7-2387
編集　☎(03) 5474-8700（代）
FAX　☎(03) 5474-8900

組版　ファンタシウム
印刷　三美印刷　　製本　ブックアート
《検印省略》

本書の内容を無断で複写複製することは，著作者および
出版者の権利を侵害することがありますので，その場合
にはあらかじめ小社あて許諾をお求め下さい。

ISBN4-7819-0962-0
PRINTED IN JAPAN

サイエンス社のホームページのご案内
http://www.saiensu.co.jp
ご意見・ご要望は
jinbun@saiensu.co.jp　まで.